Robert Patrick Martin
Getäuschter Mann

Robert Patrick Martin

Getäuschter Mann

Ein Trip durch Narzissmus und Borderline

Rediroma-Verlag

Bibliografische Information der Deutschen Nationalbibliothek:
Die Deutsche Nationalbibliothek verzeichnet diese Publikation in der Deutschen Nationalbibliografie; detaillierte bibliografische Daten sind im Internet über http://portal.dnb.de abrufbar.

ISBN 978-3-96103-798-8

www.rediroma-verlag.de
10,95 Euro (D)

»Ich bedanke mich zutiefst, aufrichtig und voller Ehrfurcht beim Leben, bei den Beziehungen zu meinen Mitmenschen und insbesondere bei meiner letzten Partnerin dafür, dass ich so viele Jahre ein mehr oder weniger gelehriger Musterschüler sein durfte. Vielen lieben Dank!«

»Es reißt einem jeden seine Leidenschaft dahin.«
(Vergil, 70 v. Chr. - 19 v. Chr.)

ÜBER DEN AUTOR

Robert lebt seit vielen Jahren in der Nähe von Heidelberg. Mittlerweile hat er seinen ehemaligen Beruf als Beamter aufgegeben, stattdessen nahm er sich eine Auszeit. Frei nach Kierkegaard begann er seinen aufgestauten Kummer wegzugehen. Auf seinen Trips und Wanderungen in den Alpen, der Ost- und Nordsee, Italien und der Natur sammelt er Inspiration und tankt Kraft für sein neues Leben. Die gewonnenen Erfahrungen und Lebensweisheiten notiert er in seinen Schriften.

ÜBER DAS BUCH

Liebe Leserin und lieber Leser, die folgenden Zeilen stellen einen Versuch dar, aufzuklären.
Aufgrund meiner eigenen Erfahrungen und Beobachtungen bin ich oft total entsetzt, was in Beziehungen empathischen Menschen zugemutet wird und was Partner bereit sind, auf sich zu nehmen. Meiner Meinung nach geht so manches zu weit. Ein jeder hat ein Leben in Würde verdient und deshalb habe ich diese Zeilen verfasst. Vielleicht gelingt es mir, den einen oder anderen zur Reflexion anzuhalten oder zur Einsicht zu bewegen.
Viel Vergnügen!

INHALT

PROLOG

Dr. Sokrates, Hans und Vergil sitzen zusammen an einem kleinen Metalltisch in einer französischen Bar am Wasserturm in Mannheim. Wunderschöne Arkaden aus rotem Sandstein laden zum Verweilen ein. Eine stille Sommernacht ist angebrochen und der große Brunnen, der weltbekannten Art nouveau Anlage speit hohe Wassersäulen in den Himmel. Strahler hüllen das ornamentale Nass in bunte Animationen. Überall flanieren Menschen und Liebespaare kuscheln in der parkähnlichen Anlage.

Die drei Männer sind gute und langjährige Freunde. Der eine oder andere ist ihnen eventuell schon in einem Buch von mir begegnet. Sie treffen sich regelmäßig und gehen sogar einmal im Jahr zusammen in Urlaub. Das letzte Mal bereisten sie »Malle«. Hans ist ein ewiger Junggeselle, Staatsdiener in Uniform und hat eine nicht so gute Meinung von Frauen. Dr. Sokrates ist glücklich verheiratet, Therapeut und Vater. Vergil ist ein schwuler Reiseleiter, Küchenphilosoph und seit Jahren Single, denn er findet nicht den richtigen.

An diesem Tag unterhält sich das Trio wieder über eines Ihrer Lieblingsthemen, Beziehungen und den stärksten aller Triebe. Ich versuchte gut zuzuhören und alles sinngemäß wiederzugeben, so, wie es mir aufgetragen wurde. Lassen Sie uns also mal die Ohren spitzen, was heute aufgetischt wird.

MONNEMER DOM

Der Winter ist schon lange vorbei und der Sommer wird gefühlt immer heißer. Wir befinden uns im Zweistromgebiet. Aktuell zeigt das Fieberthermometer 33 Grad und wir stehen eine FlipFlop-Saison vor einer unsäglichen Grippe.

Zum Glück gibt es aktuell einen leichten Wind vom Vater Rhein kommend, der durch die Straßen Richtung Neckar weht, das kühlt sie zumindest heute etwas ab. Die Quadrate-Stadt ist von zwei großen Flüssen umrahmt, wobei der eine am Ende in den anderen fließt und zumindest namentlich erlischt.

Zu Füßen des 60 Meter hohen römischen »Domes« und umrahmt von der größten zusammenhängenden Jugendstilanlage ever, saß die Gruppe unter den Blicken zweier Sphinx. Dr. Sokrates war voller Vorfreude, denn er liebte es, seine Praxis-Fälle darzustellen und nippte prüfend an seinem Monaco. Hierbei handelt es sich um so ein Spezialgetränk aus Bier und Grenadine. Ganz unten im Tulpenglas schimmerte rot der Likör.

Während er seinen Cocktail wieder abstellte sagte er: *»Jetzt fehlt nur noch Hans und dann sind wir komplett. Hoffentlich ist er nicht von der Brücke gefallen, wie damals dieser Panzer.«*

»Was für ein Panzer?«, wollte Vergil wissen.

»Das war in den 80ern«, antwortete Dr. Sokrates, *«ein GI ist mit einem Kampfpanzer durch die Mannheimer Innenstadt Amok gefahren und dann von einer Brücke in den Neckar gestürzt. Er starb dabei, es gab insgesamt ei-*

nige Verletzte und sogar eine demolierte Straßenbahn. Da hätte viel mehr passieren können. Zum Glück ging das so glimpflich aus.«

Vergil war erstaunt, die Geschichte kannte er nicht. Beide hielten suchend Ausschau nach ihrem Kumpel. Da zeigte Vergil auf eine dicke Litfaßsäule, nicht weit entfernt, und beide sahen einen Typen, der langsam und behäbig von seinem Roller stieg wie Joseph Cotton. Es war ihr ersehnter dritter Mann.

Hans kam lächelnd und von der Ferne mit Helm grüßend angelaufen. *»Hi, geiles Wetter, eben wäre mir fast eine alte Oma unter die Reifen gekommen. Die Leute sind irgendwie alle gehetzt und gestresst. Vermutlich wegen der tropischen Temperaturen. Konnte grade noch bremsen und ausweichen. Puuhhh ...! Was gibt es heute, ich bin schon sehr gespannt. Du bist heute dran, Dok, oder?«*

»Ja, ich habe eine geile Couchstory«, antwortete der Doktor. *»Neulich kam ein guter Freund und langjähriger Patient total aufgelöst zu mir in die Praxis. Ich hatte eigentlich schon Feierabend, aber er meinte am Telefon, dass er dringend meinen Rat bräuchte. Er hatte großen Liebeskummer, denn seine Freundin machte unerwartet mit ihm Schluss oder so ähnlich. Sie standen eher vor der Heirat als vor dem Aus.«*

Vergil spielte mit dem Zuckerbeutel von Hans. Dieser erwiderte: *»Das alte Lied, wahrscheinlich ist er fremd gegangen und seine Partnerin hat es rausbekommen oder sie wollte heiraten und sein Vermögen, aber er wollte nicht so recht.«*

Vergil schmunzelte: *»Sehr plakativ und verallgemeinernd, Hansi. Ich bin der Überzeugung, dass es auch an-*

dere Gründe gibt. Das wichtigste ist eine gute Streitkultur.«

Dr. Sokrates erwiderte trocken: *»Ihr habt beide etwas recht, oft stimmen diese Hypothesen ja, aber so war es hier diesmal nicht, das wäre zu einfach. Es wird noch ziemlich verzwackt. Mein Bekannter, wir nennen ihn... hmmmm ... Bob, arbeitet als Banker und ist wirklich äußerst nett. Mir kommt er manchmal sogar wie der St. Martin vor, er teilt viel und gerne, vielleicht ist er etwas langweilig aber total fair, häuslich und familiär. Seine Ex hat ihm wirklich übel mitgespielt, wobei wie beim Computer der Fehler meist davor sitzt.«* Er lachte kurz auf. *»Heutzutage sollte man sehr vorsichtig bei der Partnerwahl sein. Aber der Reihe nach.«*

Das Zuckerpapier war mittlerweile vom vielen Fummeln aufgerissen und die Kristalle lagen in der Untertasse bei Hans. Vergils Finger waren davon etwas klebrig und er leckte sie deshalb ab. *»Ich bin ganz Ohr und denke, das wird interessant. Kurz vor der Heirat das Aus, besser als kurz danach.«* Er schmunzelte, lehnte sich entspannt zurück und verschränkte die Arme vor der Brust.

Hans musste blinzeln, denn die Sonne kam um einen Sandsteinpfeiler herum und schien ihm direkt ins Gesicht. Aus seiner Jacke holte er deshalb seine Sonnenbrille und sagte dann: *»Ok, keine voreiligen Schlüsse, hören wir mal, was wirklich passiert ist, aber sag erstmal was Allgemeines über das Traumpaar.«*

»Wenn auf der Erde die Liebe herrschte, wären alle Gesetze entbehrlich.«
(Aristoteles 384 v.Chr. - 322 v.Chr.)

DIE PROTAGONISTEN

Am besten ich beschreibe euch die beiden einfach mal kurz. Der Bob, ist ein großer und athletischer Typ, er macht viel Sport, liebt die Natur und ist eine treue Seele.« Hier huschte ein verschmitztes Lächeln über das Gesicht des Herrn Doktor. *»Er redet immer viel vom Buddhismus und macht morgens zum Aufstehen schon irgendwelche Rituale und Übungen. Ansonsten ist er ein ziemlich bodenständiger und ist entweder auf der Arbeit oder bei seiner Familie, sprich, Freundin.«*

»Ok, das klingt total öde«, unkte Hans, *»kein Wunder, dass die weg ist, Frauen stehen auf so Männer wie in dem Film Fifty shades of grey. Das Buch wurde nämlich von einer Frau geschrieben und ging über 100 Millionen mal über den Tisch. Und was glaubt ihr, wer das in der Regel gekauft hat. Männer?«*

Vergil löste seine verschränkten Arme, beugte sich nach vorne und sprach leise: *»Ja, klar, die feine Damenwelt. Da lobe ich mir meine Schwulen. Die sind wenigstens geradeheraus. Die heutige Gruppe der Frauen ist ganz anders als ihr Ruf, darüber gibt es sogar wissenschaftliche Studien. Zu Hause wollen sie einen braven treuen Trottel, der das Geld ranschafft und das Nest sauber hält, aber zum Vögeln soll es bitte so ein richtiger Macho sein. Sie stehen auf Arschlöcher! Natürlich lassen sie den Trottel auch mal ran, um ihn bei Laune zu halten. Er kriegt ab und zu ein paar Brotkrumen. Der Lover dagegen darf auch ruhig ein Sexist sein, der sie erniedrigt. In dem Film war es ein echter Vollnarzisst. Die Machos,* *die sie schlecht behandeln, törnen sie richtig an. Das ist ja bei uns auch nicht anders.«* Er lacht. *»Hans, du stehst doch auf verbrauchte Schlampen, die sind ja nicht umsonst so verlebt, die wissen halt, wie es geht?«*

Der Angesprochene senkte den Blick und nickte verstohlen, dann setzte er noch einen drauf. *»Auch das Buch Feuchtgebiete wurde von einer Frau geschrieben. Mir fiel das mal in die Hände, ich konnte es aber nicht lesen, denn ich fand es widerlich und einfach nur pervers, shocking.«*

Er kramte sein Handy hervor und sagte: *»Ich muss euch diesen Chatverlauf mal vorlesen, Du hast übrigens top geblasen, perfekt, und nachts musste ich dich nochmal im schlaf vögeln. Sorry, ich war zu geil. Auch sorry, dass ich das schreibe. Ich hätte dich gerne noch geleckt, aber ich war irgendwie neben mir. So ausgepowert. Ich denke oft an dich beim Einschlafen und stelle mir deinen Körper vor und was ich mit dir anstelle. Das habe ich der Triathletin geschrieben, mit der ich schon so lange befreundet bin. Die steht total auf dirty talk und schlechte Behandlung. Neulich hatte ich die mal wieder besucht. So wie im Sport, so ist sie im Bett. Die braucht ständig neue Kerle, vor kurzem erst hat sie ihren Orthopäden verführt. Mir ist die fast zu arg. Deshalb kann ich auch nur wenig zu der. Hinterher bin ich immer für einige Monate bedient. Aber sie ist total nett und dankbar, wenn ich ihr Notnagel bin. Sie meinte auch, zu mir wäre sie am offensten. Jetzt hatte sie mir gerade nach so vielen Jahren per Sprachnachricht offenbart, dass sie nicht gerne schluckt. Ich war überrascht.«*

Vergil und Dr. Sokrates waren erfreut, so langsam nahm ihre Runde Fahrt auf. Das war genau die Art von

Gespräch, weswegen sie sich immer wieder trafen. Die Sportlerin hatten alle schon nackt gesehen, denn Hans zeigte natürlich diskret ihre Nacktbilder, wobei er der Bitte diese auch zu versenden nicht nachkam. Er hatte Ehre, denn sein Wort stand hier auf dem Spiel.

»Ich kenne auch viele«, sagte der Therapeut, *»die mit Sperma nichts anfangen können. Das ist auch immer wieder Thema bei mir in der Sprechstunde. Dann gebe ich immer zu bedenken, dass die Partner beim Lecken ja auch den Körpersaft aufnehmen. Für viele ist das ein Aha-Erlebnis, aber wenn es jemanden stört, dann geht es halt nicht. Darauf sollte man Rücksicht nehmen. Viele Veganer kriege ich mit dem Hinweis, dass es wertvolle B-Vitamine enthält. Aber zurück zum Thema.«*

Vergils Gesichtsausdruck verriet Freude und Hans blickte skeptisch drein.

»Die Tante«, erzählte Dr. Sokrates, *»also dem seine Lebensgefährtin, jetzt Ex, ist ein richtig geiles Luder. Sie ist groß, sehr schlank, hat kleine Brüste und so ein Blitzen in den Augen. Kennt ihr das, da merkt jeder gleich, die weiß genau, wie es geht und ist kein Kind von Traurigkeit. Das siehst du der direkt an, auch wie sie geht. Ihr ganzer Kòrper strahlt aus, nimm mich! Frauen haben es da schon leichter. Selten habe ich solche auch in der Praxis.«* Dr. Sokrates seufzte laut. Wahrscheinlich hatte er schon eindeutige Angebote erhalten. *»Auf alle Fälle«*, fuhr er fort, *»hatte der die damals in einem Feinkostladen zum ersten mal gesehen. Das ist jetzt so sieben bis acht Jahre her. Bob war dort zum Einkaufen. Er ernährte sich damals vegetarisch und hauptsächlich mit Bio-Kram. Deshalb war er immer auf der Suche nach Geschäften, die so*

ein Zeugs anbieten. Gute Lebensmittel, fair produziert und nachhaltig. Damals also wollte er 100% Kakao Schokolade, etwas Chili und eine Salatgurke kaufen. Er fragte eine Verkäuferin, weil er in dem Laden neu war, danach und das wurde später seine super Flamme. Es hat wohl gleich gefunkt zwischen den beiden, zumindest bei ihr. Bei ihm war es nur die Sehnsucht, wieder einen Vertrauten zu haben, denn er war schon jahrelang Single. Mir berichtete er von 15 Freundinnen, aber nichts überstand die erste Phase der Verliebtheit. Er kam gut alleine zurecht, wollte aber etwas Verbindliches mit Zukunft. Hier spürte Bob, dass die Chemie zwischen ihnen auf Anhieb stimmte, und sie war genau sein Typ. Er fand sie richtig rattenscharf. Groß, lasziver Gang und relativ dünn, dazu noch blond und mit einer tiefen Stimme. Und dann diese Augen, die zogen einen schon direkt aus. Beide kamen gleich super ins Gespräch und hätten direkt im Laden übereinander herfallen können. Meinem Kumpel ist es noch nie so ergangen. Liebe auf den ersten Blick. Das ist schon ein erstes Warnzeichen.«

»Noch einen Milchkaffee, bitte«, sagte Hans zu der jungen Bedienung. Die hatte eine Glatze, also so ganz kurz rasierte Haare und hier in dem Café mussten alle schwarze Kleidung und Rucksäcke tragen. Das war irgendwie schräg.

»Was du liebst lass frei, kommt es zurück, gehört es dir für immer.«
(Konfuzius 551 v.Chr. - 479 v.Chr.)

MONACO

Nach einem Schluck Monaco fuhr Dr. Sokrates fort: *»Bob war angetriggert, verabredete sich mit der Frau auf einen Kaffee und sie tauschten ihre Daten aus. Bob gab ihr seine Visitenkarte. Ganz Gentleman und Ritter, damit sie die freie Wahl hatte, sich zu melden oder es doch lieber bleiben zu lassen. Er war zu diesem Zeitpunkt etwa zwei Jahre alleine, bewohnte ein tolles Haus, eigentlich eine Villa mit großem Pool und schickem englischen Garten. Seine Frau war ausgezogen mit den Mädchen. In diesen Jahren hat er total viel Sport gemacht und lernte ständig neue Frauen kennen. Ich weiß noch, wie ich den beneidete um sein geiles Leben. Die Exfrau kümmert sich um die Kids. Alle 14 Tage hatte er sie mal und dazwischen konnte der tun und lassen, was er wollte. Aber er litt auch stark darunter, dass die Kinder nicht mehr ständig um ihn rum waren. Manche fangen so das Trinken an, er wurde total aktiv. Soweit ich weiß, hat er die meisten deshalb auch im Fitnessstudio kennengelernt. Klar, denn die meiste Zeit war er dort, arbeiten oder in seinem kleinen Schlosspark. Viele hat er sogar im Saunabereich aufgerissen. Das war auch eine total coole Masche, denn dann siehst du gleich, was du bekommst, und kriegst keine Mogelpackungen.«*

»Was meinst du damit?«, unterbrach in Vergil mit prüfendem Gesichtsausdruck.

»Viele pushen ihre Brüste oder benutzen sonst irgendwelche Fummel, um ihre Figur zu pimpen. Manche sind angezogen topp und ausgezogen flopp. Ich selbst bin

hier ein gebranntes Kind. Hatte mal eine aus der Neckarstadt. Die Figur war ohne ihre enge Kleidung ganz anders. Damals war ich regelrecht enttäuscht. Naja, egal, da muss man dann halt durch oder die Reißleine ziehen und Bob hatte die ja meistens schon vorher sogar nackt gesehen. Wenn nicht, dann ging er mit ihnen schwimmen ins örtliche Freibad.«

»Das ist ein cooler Trick, das merke ich mir, voll abgefahren«, lachte Hans und meinte: *»Es gibt auch Männer, die mogeln. Mit Socken in der Unterhose und so.«*

»Das finde ich total irre«, sagte Doktor Sokrates. *»Es kommt doch raus, spätestens wenn sie hinlangt oder dir einen bläst. Willst du dann sagen, sorry er ist beim Waschen letztes mal eingelaufen? Bei Bob war zumindest keine dabei, mit der es länger ging, und es gab auch richtige Granaten. Aber die Optik ist halt nicht alles. Bob waren die alle nicht recht, ich denke, er war schon sehr anspruchsvoll, aber auch zu recht und deshalb hat er sie alle wieder abserviert. Das Körperliche reicht für eine gute Partnerschaft nicht aus. Aber mit Tinkerbell, so wollen wir sie ab jetzt nennen, also mit seiner Verkäuferin, war alles anders. Bei ihrem ersten richtigen Date trafen sie sich im Wald hier bei uns am Karlstern. Da, wo wir auch immer joggen und spazieren gehen am Wildgehege.«*

»Liebe auf den ersten Blick, ist ungefähr so zuverlässig wie Diagnose auf den ersten Händedruck.«
(George Bernhard Shaw 1856 - 1950)

DIE GUTEN SIND VERGEBEN

Unser Therapeut blickt verträumt umher, betrachtete die schöne Trauerweide am Brunnen, dann wandte er sich wieder seinen Kumpels zu. »Es *war ein schöner sonniger Tag und zusammen gingen sie spazieren. Sie kannte ihn noch gar nicht wirklich und lief gleich mit ihm ins Unterholz. Beide stellten sich hier vor und redeten so unter anderem über ihre Berufe. Sie war eine Supermarktperle, hatte aber davor als Masseurin gearbeitet. Irgendwann setzten sich beide auf ein Stück alte verwitterte und kalte Mauer. Hier offenbarte ihm Tinkerbell, dass sie seit 16 Jahren verheiratet ist und drei Kinder hat. Bob war erstmal platt. Konnte das gar nicht einordnen. Das war gegen seine* **Standards**. *Was wollte diese super Sahneschnitte von ihm? Fremdgehen, ihren Alten um die Ecke bringen? Lover konnte die genug haben oder war ihre Beziehung einfach schlagartig ausgelutscht? An diesem Tag konnte er das nicht mehr in Erfahrung bringen. Zum Abschied umarmten sie sich innig. Sie stieg in ihr Auto und fuhr weg. Bob blieb noch etwas stehen, atmete die Waldluft tief ein, schloss die Augen und dachte, was war das jetzt? Was will die von mir. Er war traurig, denn die Guten sind immer vergeben. Sie war so schön gekleidet, wie Jil Sander, schlicht, einfach, aber genial. Klar ist, die top Ladys sind oft besetzt, denn die will doch jeder haben. Die können an jedem Finger zwei haben und sich den besten aussuchen. Männer stehen an jeder Ecke. Kerle sind wie Milben, sie machen sich über alles Körperliche her, mag es auch noch so übel sein. Schon* *mehrmals war er gescheitert. Hatte zwar immer längere Romanzen, aber es hielt nicht ewig. Das Längste, was er bisher geschafft hatte, waren sechs Jahre. Bob fühlte sich stigmatisiert. Das ist wie mit altem angeschlagenem Porzellan. Wer will das schon? Vielleicht ein Sammler oder einer, der zu einem Polterabend geht. Aber etwas tief in ihm drin sagte, da stimmt was nicht mit dieser Frau. Greifen konnte er es aber noch nicht. Seine Odyssee begann. Der Rand seiner Welt rückte näher. Am Ende würde eine Horizonterweiterung stehen und seine Anschauungen würden sich neu erfinden müssen. Das war wie bei der Kirche, irgendwann konnten sie das geozentrische Weltbild nicht mehr aufrechterhalten. Wie ein Fisch am Haken war er. Wie Odysseus bei Kirke. Nichts würde mehr so sein wie früher und es gibt gegen dieses Kraut, gegen diesen Trank kein Entrinnen. Im Laufe der nächsten Tage schrieben sich beide viele kurze und noch unverfängliche Nachrichten. Dann verabredeten sie sich zum Kochen bei ihm zu Hause, in seiner Villa. Das war ein Vorschlag von ihr. Bob war der festen Überzeugung, dass eigentlich alle Menschen gut sind. Er kannte die Antwort Laotses nicht. Ja und Nein.«*

»Das geht aber fix«, sagte Hans. *»Die fackelt nicht lange. Ich glaube noch, dass sie nur eine Affäre sucht.«*

Vergil gibt zu bedenken: *»Tinkerbell ist mutig, sie geht gleich in die Höhle des neuen Löwen. Es geht wirklich höllisch schnell. Sie hat einen Plan, sonst würde sie das nicht so durchziehen. Oder sie sucht etwas. Eventuell will sie die Lage checken, ich meine, ihr mögliches zukünftiges Reich begutachten.«*

»Darin besteht die Liebe, dass sich zwei Einsame berühren, beschützen und miteinander reden.«
(Rainer-Maria-Rielke 1875 - 1946)

DIE JUNGFRAU(EN)

Dr. Sokrates drehte sein Bierglas auf dem Deckel mal links rum und dann wieder andersrum. *»Ihr habt recht und ein gutes Gespür. Das war alles ihr Programm, ihre Blaupause. Sie forcierte das. Wollte sehen, wie er lebt. Noch keine hatte ihn so gepusht. Noch nie hatte eine so schnell und freiwillig in sein Schloss kommen wollen. Tinkerbell kam direkt von der Arbeit. Es war ein Wochenende. Nach meinem Dafürhalten ist das auch schon ein Warnzeichen gewesen und man bezeichnet es als* ***fast forwarding****. Bekanntlich meint man damit, dass es zu schnell voran geht. Wenn sich die Ereignisse überstürzen, dann Holzauge sei wachsam. Aber der Bob ist viel zu einfältig und süchtig.«*

Die anderen schmunzelten. Hans quiekte dazwischen: *»Scharf, einfach nur wie unser Hirsch hier am Karlstern der Bruno, bei der Brunft.«*

»Bruno ist aber schon etwas in die Jahre gekommen«, sagte der Paartherapeut. *»Bisher war noch nichts zwischen ihnen gewesen, aber die Luft knisterte und die Spannung stieg weiter an, irgendwann würde der Funke sich entladen, wie sie so in seiner Küche stand und das Gemüse vorbereitete. Ihre flinken Hände schälten die Gurke perfekt. Alles fühlte sich so vertraut an. Ihre Suche nach körperlicher Nähe interpretierte er als Liebe. Ein folgenschwerer Trugschluss. Sie war Löschpapier und er der Füller. Es gibt kein entrinnen in solchen Situation. Die Tinte geht raus bis die Patrone leer ist. Bob war es satt, bisher war keine gescheite dabei gewesen und er hatte*

über ein Dutzend gehabt und ausprobiert. Tinkerbell ist die vielversprechendste, das spürte er ganz deutlich. Sie trug enge Jeans und eine weite weise Bluse. Die oberen Knöpfe waren bis zum Brustansatz geöffnet und der Stoff durchsichtig. Bob konnte erkennen, dass sie einen passenden BH trug. Nichts Auffälliges, eher dezent. Er redete über seinen Job in Frankfurt im Bankenviertel und wie absurd das manchmal ist. Die drei reichsten Menschen der Welt verfügen über so viel Geld wie der Rest. Sie meinte, er wirke eher wie ein Künstler und sie hätte ihn nie in dieser Organisation gesehen. Außerdem stellten beide fest, dass sie das gleiche Sternzeichen hatten. Sie waren Jungfrauen.«

Vergil warf hier sofort ein: *»Das sind schwierige, sehr empfindliche Menschen. Man sagt der Gruppe der Jungfrau-Frauen nach, stille Wasser sind tief. Das wussten schon die alten Babylonier. Sie waren die Mütter der Astrologie.«*

Hans und Sokrates blickten ihn kurz skeptisch an. Sie konnten mit den Tierkreissymbolen und ihrer Interpretation nichts anfangen und hielten es für Hokuspokus.

»Ok, Vergil, lassen wir das untergegangene Mesopotamien hinter uns und bleiben in der Neuzeit. So langsam kamen sich Tinkerbell und Bob während des Kochens näher und sie erklärte, dass sie sich zu Hause nicht mehr wohl fühle. Ihr Ehemann hätte sich über die Jahre gehen lassen. Bio-Lebensmittel liebt Sie, ihm ist das zu teuer. Er frisst billigstes Fleisch in großen Mengen, wie die Neandertaler, Sie ernährt sich fast fleischlos. Tinkerbell macht Pilates und er fährt Eisenbahn am Computer. Auf ihr Äußeres legt sie großen Wert und der Partner ver-

sinkt in Agonie. Ihr Mann wäre vollkommen antriebslos.«

»Das ist der Zeitgeist«, unterbrach ihn Vergil. *»Viele schleppen sich zur Arbeit und das war's, mehr schaffen sie nicht mehr. Dann folgt nur noch stupides Abhängen und Zeit totschlagen.«*

»Bob rechtfertigte seine Trennung vor zwei Jahren damit, dass er sich von seiner Exfrau mehr Liebe gewünscht hätte. Er spürte nichts und dann war da noch seine veränderte Einstellung zum Sinn des Lebens, am Ende der gemeinsamen Ehe. Weniger konsumieren wollte er und bemerkte, dass die Welt so nicht weitermachen konnte. Dadurch wurde er achtsamer und suchte einen neuen Weg. Deshalb beschloss er, dass er mehr Liebe in sein Leben lassen wollte, weniger shoppen, aber dafür ein erfüllteres, würdevolleres Leben führen. Bob strebte nach Selbsttranszendenz. Tinkerbell war von ihm total begeistert. Über alle Maßen lobte sie ihn und stellte ihn auf ein Podest. Zum ersten mal gab ihm jemand dieses Gefühl, dass jede Macke, jedes noch so bescheuerte Hobby, er sammelte verlorene Strahler von Fahrrädern etc., verehrt wird. Tinkerbell war der Sechser im Lotto mit Zusatzzahl, Spiel 77 und Super 6. Ab jetzt stand er direkt neben David auf einem Sockel in Florenz, Piazza della Signoria.

Mit einem Programm fertigte sie eine Persönlichkeitsanalyse von Bob. Da kam raus, dass er ein mega strahlender Typ mit einer richtig geilen Aura ist.«

»Honig schmiert sie ihm reichlich um den Mund, das muss ich sagen. Mir kommt das auch wie Bigotterie vor.«, kritisierte Hans.

»Ich kenne mich mit diesen Horoskopen und Vorhersagen nicht so aus und ich glaube nicht so recht an Sternzeichendeutungen«, fuhr der Doktor fort. *»Bob war total geschmeichelt von Tinkerbell. Endlich mal eine, die sein Potenzial erkennt und das gleich zu Beginn. Von ihrer Familie erzählte sie nie wirklich viel. Sie hatte keine festen Rituale, Tagesabläufe oder sonstige Geschichten. Hier herrschte oft Schweigen. Er wollte nicht nachfragen, denn er dachte, das sei unhöflich, aber es kam im spanisch vor. Vom Gefühl war es so, als hätte sie ihr altes Ich in eine Kiste gepackt und einen VS-Stempel draufgehauen. Das Einzige, was das Licht der Öffentlichkeit erreichte, war die Tatsache, dass es mit ihrem Ehemann im Bett schon lange nicht mehr klappte. Beide hätten unterschiedliche Vorlieben. Er konnte nur mit Bondage, verlangte perverse Sachen und so. Zwischen ihr und ihm war das anders. Sie beide waren füreinander bestimmt. Es gab die tollsten Mega-Komplimente für Bob. Ein Kracher war er und das nicht nur im Bett.*

Ein klarer Fall von **Love bombing**. *Auf deutsch, zu schön um wahr zu sein. Solche Personen suchen sich oft Opfer die stark sind und erfolgreich, denn die haben die größten Ressourcen«,* beendete Dr. Sokrates zynisch seine Ausführungen.

»Die alte Leier, seit tausenden von Jahren«, füllte Vergil die entstandene Leere. *»Der Ex wird schlecht gemacht und die Leute geben sich mit einfachen Erklärungen zufrieden.«*

»Das erzählen die immer«, haute Hans noch einen drauf, *»damit sich der Neue wohl fühlt. Sie wollen dich max manipulieren. Ach, mein Alter ist so langweilig, und*

er tut dies nicht und macht das schreckliche, usw. Ganz lapidare Rechtfertigungen, wie bei mir auf Arbeit die Beschuldigten in ihren Vernehmungen. Sie war so aufreizend angezogen, ich kann nichts dafür usw. Wir sagen dazu ***Victim blaming****, also Schuldumkehr. Warum ist man nicht einfach ehrlich und erklärt, ich will nicht mehr, hatte keine Lust mehr oder mir war einfach danach. Der arme Ehemann wird entwertet für seine jahrelange Treue und das allerbeste, er ist selbst schuld daran. Wie ab jetzt Bob immer, tippe ich. Käme ja auch blöd, die Wahrheit rauszulassen. Mein Ex-Mann ist ein wahrer Ritter, aber er törnt mich nicht mehr an. Fakt ist doch eher, sie war wohl einfach nicht mehr scharf auf ihn. Will ihren Status erhöhen? Oder möglicherweise hatte er sie satt, eine ungezogene Göre, die nie zufrieden ist, und drohte ihr damit, sie rauszuschmeißen. Tinkerbell hatte doch schließlich drei Kinder und eine Katze mit ihm. Das glaube ich der nicht. Die Weiber sind genauso schlechte Lügner wie die meisten Männer. Aber erzähl weiter, ich ereifere mich gerade zu sehr, bin gespannt, ob die beim Kochen noch vögeln.«*

»Das kann alles stimmen«, antwortete Dr. Sokrates, *»der Bob ist ein super männlicher Typ, optisch, dann ist er noch umgänglich und hat einen guten Job, das wirkt anziehend. Wenn du Pech hast, wird am Anfang einer Beziehung gelogen, dass sich die Balken biegen. Bob besitzt noch eine starke Polarität und viele hängen an seinen Lippen, denn was er redet, ist sehr angenehm und berührt dein Herz. Der trinkt auch fast nichts mehr und nimmt auch sonst keine Drogen, auch keine digitalen. Seine schlechteste Eigenschaft ist, dass er Workoholic ist.*

Regelmäßig überreizt er seine Batterien. Arbeitet zu viel und Familie, also Kinder, stehen ganz oben und natürlich steht er durch die Fitnessübungen gut im Saft.

Beide sind also gerade beim gemeinsamen Zubereiten. Irgendwann wird das Kochen Nebensache und sie kommen sich näher. Sie küssen sich und landen im Wohnzimmer auf der riesigen Bretz-Couch. Sie wäre so total heiß gewesen, meinte Bob, wie ein Vulkan, bei diesem ersten Mal. Er hatte aber schon viele schlechte Erfahrungen gemacht mit Weibern, die einen an der Klatsche hatten und nur auf eine schnelle Nummer aus waren. Er hatte den Eindruck, dass viele schon allein vom Anblick seines Palazzo geil wurden. Bindungsängstlerinnen, Perverse, Shopping-Süchtige oder notorische Fremdgeherinnen etc., davon hatte er genug gehabt. Diesmal wollte er auf Nummer sicher gehen, auch wegen seiner Kinder. Die würde hier heute aufs Ganze gehen, aber er zog sie nur obenrum aus. Notbremse – mehr geht jetzt nicht. Langte ihr auch nicht in den Schritt oder so. Ganz wie ein Gentleman, der zeigt, ich bin nicht nur auf schnelle Befriedigung aus, sondern ich will etwas bindendes.«

»Mir war schon immer schleierhaft, wie schnell Frauen mit einem Kerl schlafen«, berichtete Hans. *»Sobald sie angebissen haben, ist alles möglich. Natürlich kann das dauern, aber nach dem ersten Kuss kannst du dir sicher sein, dass du auch durch das Tal galoppieren darfst. Bei den meisten schon in der ersten Nacht. Dieses ganze Etepetete-Verhalten davor macht mich krank. Die glauben das auch noch. Dabei wollen sie auch nur das eine und zwar schnell, ständig und gut.«* Er lachte.

»Ja, ja so weit, so guuut«, schmunzelte der Therapeut. *»Aus meiner Therapie-Erfahrung mit Paaren kann ich nur sagen, dass Bob das richtig gemacht hat. Nur nicht zu schnell in eine Beziehung starten. Nach etwa einem halben Jahr ist die erste Verliebtheit dahin und man beginnt wieder klarer zu sehen. Die rosa Brille wird abgelegt. Es wäre deshalb sinnvoll, erst nach dieser ersten Phase weitere verbindlichere Schritte einzugehen. Sexualität ist die Sprache der Liebe und die schafft, ob man es will oder nicht, Bindung. Es fällt dann schwer, wieder zu gehen, wenn man schon im Bett miteinander war.*

»Ich habe gerade diese Woche«, erzählte Vergil, *»in einer Zeitschrift bei meinem Doktor Zahn gelesen, dass Personen mit narzisstischer Störung total charmant sind und man ihnen immer auf den Leim geht. Sie sind zu Beginn nicht zu durchschauen und weiblicher Narzissmus ist noch viel subtiler.«*

»Da ist was dran«, erwiderte Dr. Sokrates. *»Es gibt auch* ***vulnerablen*** *Narzissmus, das meint die versteckten, also nicht offenen. Das Gegenteil wäre vielleicht Ronaldo, wobei der noch nicht auf meiner Couch war.“* Er lachte.

»Ein Tropfen Liebe ist mehr, als ein Ozean voll Verstand.«
(Blaise Pascal 1623 - 16629

MONA LISA

Irgendwo spielte ein Handy lautstark Mirimba und die Fontäne änderte ihr Farbenspiel zum Klingelton. Die Wassersäulen schossen mindestens zwanzig Meter in die Höhe und je nach Windstärke bekam man einige kleine Spritzer ab.

»*Weiter im Text?*«, sagte der Paartherapeut Dr. Sokrates, leicht antreibend, denn er wollte seine Geschichte loswerden und war auf die Kommentare der anderen gespannt. »*Wie beide so auf dem Sofa rumfummeln, ergreift Tinkerbell plötzlich die Finger von Bob und fragt, wo ein Spiegel ist. Zusammen gehen sie Hand in Hand in den Flur. Hier hängt ein großer rechteckiger mit einem barocken Rahmen aus Silber. Geheimnisvoll flüstert Peter Pans Freundin, wir wollen schauen ob wir zusammen passen. Alles um sie herum vibriert wie bei einem dunklen Donnergrollen. Es fühlt sich an wie die Entstehung von Planeten. Aus Gaswolken werden feste Objekte. Ein wahres Wunder. Oberkörper frei betrachten sie sich. Beide sind groß und schlank. Tinkerbell meint, es würde prima passen. Aus zwei Wolken voll menschlichen Molekülen wurde eine Seele, dachte er. Die Anziehung hatte sie komprimiert und geschaffen. Komisch war das schon, mit einem fast fremden Verhältnis vor dem Spiegel zu stehen und sich zu begaffen. Es wirkte wie dieses Adam-und-Eva-Bild von Lucas Cranach d.Ä. Bob ist nicht ganz mit seiner Figur zufrieden. Er will wieder mehr trainieren. Eigentlich war er die letzten Jahre seit seiner Trennung auf einem guten Weg. Hatte Therapien gemacht, um be-*

ziehungsfähiger zu werden und auch um sich besser zu verstehen. Vom Gefühl her würde er sagen, dass er meilenweit von seinem früheren egozentrischen und neurotischen Selbst entfernt war. Yoga war seine neue Hoffnung und Buddhismus seine Lebensphilosophie. Er besuchte wöchentlich Kurse und las jeden Abend vor dem Einschlafen in der Bibel. Hierzu kniete er sich nackt auf einen kleinen Schemel und sprach mit dem Universum. Sein Gott-Glaube war nicht sehr stark urchristlich geprägt. Er stellte ihn sich eher wie Siddhartha Gautama vor. Gerade wie er so vor seinem eindimensionalen Klon über sich nachdenkt, sagt Tinkerbell traurig, meine Brüste sind nicht mehr so schön, das liegt daran, dass ich drei Kinder gestillt habe.«

»Das habe ich schon so oft gehört, diesen Mist«, unterbrach Hans erregt und in seiner unnachahmlich sensiblen Art. *»Das sagen die alle beim ersten Ausziehen, immer sind die Weiber mit irgendwas nicht zufrieden und gleich beim ersten Date heißt es dann, meine Möpse hängen, denn ich war mal magersüchtig und habe die mir ruiniert oder mein Po hat Cellulite obwohl ich so viel Sport mache, meine Schamlippen sind zu groß usw. Das ist total abtörnend. So oder so. Wer redet bei einem Bewerbungsgespräch davon, dass er eher immer unpünktlich ist oder alle Kolleginnen begrapscht?«*

»Ich würde es nicht tun«, sagte Vergil, *»Es macht keinen Sinn, sich selbst zu kritisieren in diesem Moment. Dafür ist später immer noch Zeit. Niemand ist perfekt.«*

Vergil blickte auf die Lippen vom Doktor, denn er wollte, dass dieser fortfährt. Es war gerade ein spannender Moment und er war ein passabler Zuhörer. Meistens arbeitete Vergil als Reiseleiter und da musste er sich so einiges anhören. Die meisten Kunden waren oft total unzufrieden und erstaunt bei seinen Führungen. *»Die Dame scheint ein magisch einnehmendes Wesen zu besitzen. Die Story gefällt mir. Mach schon weiter. Bitte!«*

Dr. Sokrates räusperte sich länger, irgendwas kratzte in seinem Hals. Dann öffnete er seinen Mund vorsichtig. *»Ganz Gentleman antwortete Bob. Das mit deinem Busen ist doch in Ordnung. Er ist sehr schön. Sie gefallen mir gut und passen zu dir, sagte er ganz achtsam. Zur Untermauerung beugte er sich zu ihr rüber, küsste und lutschte sachte an ihren rosa Nippeln. Man hätte die Mona Lisa dran aufhängen können in diesem Moment. Tinkerbell strahlte. Sie knutschte ihn auf die Stirn. Nach diesem ersten intimen Treffen machte sie ihm schon klar, dass sie mehr wollte. Auch Bob war sehr von ihr eingenommen. Sie hatte eine super Ausstrahlung und zog ihn magisch an. Die Chemie stimmte. Tinkerbell gab ihm das Gefühl, dass er was ganz Besonderes ist. Er wurde mit positivem Input überhäuft und sie erklärte, dass er ihre bisher allergrößte Liebe sei. Noch nie hätte sie so geliebt und bombardierte ihn mit Liebesbekundungen.«*

»Das würde mir auch gefallen«, rief Hans dazwischen und Vergil meinte ergänzend: *»Klingt wirklich sehr nach **love bombing - Liebesbomben** in der Anfangsphase, den Ausdruck habe ich von dir gelernt, das verliert sich schnell. Neue Besen kehren gut. Manche geben am Anfang Vollgas und später geht ihnen der Sprit aus.«*

»Liebe ist die stärkste Macht der Welt und doch ist sie die demütigste.«
(Mahatma Gandi 1869 - 1946)

DIE MANNSCHAFT BLEIBT ZURÜCK

Beziehungstherapeut Dr. Sokrates nahm einen kräftigen Schluck Biermix, leckte sich den Schaum von den Lippen und stützte die Ellbogen auf den Tisch. Er wirkte theatralisch. »*Da hast du fein aufgepasst*«, sagte er lächelnd. »*Die Liebesbomber sind eine rote Flagge. Aber die wenigsten erkennen sie, denn die Detonationen der Gefühlsgranaten rauben ihnen den Verstand. Die Torwächter sind betäubt und machen keine gute Figur. In der Folgezeit machte Tinkerbell richtig Tempo. Sie erklärte, dass sie ihren Mann, den Kapitän Ahab, verlassen will. Die Kinder lässt sie bei ihm. Sie könne ihrem »Sensibelchen« das nicht antun.*«

»*Das ist ein Deckmantel*«, fuhr Vergil dazwischen. »*Sie plant etwas anderes und dabei sind ihr die Kinder ein Dorn im Auge. So sehe ich das. Aber sie schafft es, jeden um den Finger zu wickeln und ihn das glauben zu machen, was Sie will. Formidable!*«

»*Ich pflichte dir bei*«, erwiderte Hans, »*und würde sogar so weit gehen, dass das ein billiger Vorwand ist und alle fallen drauf rein. Ich schmeiß mich weg. Tinkerbell hat einen Masterplan und darin kommt die Familie nicht mehr vor. Solche Subjekte haben dunkelste Gehirnwindungen.*«

»*Jawohl, ihr ganzes altes Dasein kommt darin nicht mehr vor*«, sagte Doktor Sokrates, »*und sie wartete in ihrer Höhle nur auf das richtige Opfer, wie eine Muräne. Ferner kommt Ahab, ihr kleiner Putzerfisch, in ihrer kurzen Beschreibung nicht gut weg. Der Schiffsführer steuer-*

te jahrelang den Kan, vielleicht zu besessen, und erhält nun seine Quittung. Mit der Mannschaft wird er ausgesetzt und sie bricht auf in die neue Welt. On top lässt sie ihm auch sonst alles. Vielleicht gab es auch nur Schrott. Nur ihre Klamotten und ein paar persönliche Gegenstände will sie mitnehmen. Gemeinsames Vermögen gäbe es nicht. Bob war das eigentlich viel zu schnell. Er kannte sie noch gar nicht richtig. War zwar total verliebt und überzeugt, so einen tollen Schmetterling hatte er noch nie kenngelernt, aber er wollte es lieber überlegt angehen. Nichts überstürzen. Das schöne Bild, das gerade erst gemalt wurde, war noch nicht trocken, die Farbe noch zu frisch, um es anzubieten. Er machte ihr deshalb den Vorschlag, dass sie doch erstmal zu einer guten Freundin ziehen solle und dann, nach zwei Monaten, würde sie sagen, Hallo ich habe da jemanden kennengelernt und zu dem gehe ich jetzt in seine geile Pomp Burg. Doch Tinkerbell war nicht davon zu überzeugen. Sie setzte eine tieftraurige Miene auf und meinte, ich will dahin, wo mein Herz mich hinzieht. So süß war sie und ihre Art verzauberte ihn. Man(n) konnte ihr einfach nichts abschlagen. In ihren Händen schmolz er dahin und seine ganzen AGB´s fielen über Bord und am Ende willigte er ein. Bob passte doch weiß Gott so gut in ihr Schloss.

Großen Bammel hatte er vor der Meinung der Kinder, denn das war die erste Freundin die bei ihm einzog, seit die Mama ausgezogen war. Die wussten noch nicht mal, dass es Tinkerbell gab. Es fühlte sich schon etwas surreal an. Volles Risiko zu gehen machte ihm nichts aus. Bei seinen Bergtouren legte er oft sein Leben in Gottes Hand. Für die Kinder von ihr empfand er Mitgefühl und Ahab tat ihm sehr leid. Er kannte den Schmerz, wenn der Partner gehen muss oder man verlassen wird. Nach 16 Jahren, das wird Hammer für die ganze Sippe.«

Hans sagte trocken: *»Bei mir hätte die auf Granit gebissen. Mir kommt keine rein. Ich habe auch keine Lust auf den Hausmeisterjob oder die Animateur Stelle. Viele wollen, dass du ihr Lebensrad drehst und sie sich gut fühlen. Aber das klappt nicht. Das ist zu viel Aufgabe und Verantwortung. Wenn du die erstmal in deiner Burg hast, dann ist es vorbei. Das Burgfräulein hat ihn hier ganz dolle überrumpelt. Total dumm und lebensmüde, vom Bob.«* Er schüttelte vehement den Kopf.

»Ich kann mir überhaupt nicht vorstellen«, nickte Vergil zustimmend und ergänzte, *»dass eine normale Mutter ihre Kinder verlässt. Sie hat sich gehäutet, wie eine Schlange. Ihre alte Existenz zurückgelassen. Eine Metamorphose durchgeführt von der fürsorgenden Mutter hin zum ... keine Ahnung, was das wird. Hat wohl aus irgendeinem Grund gereicht. Sie wollte etwas neues wagen und mit Sicherheit hatte sie Hoffnung, die gesellschaftliche Leiter nach oben zu fallen. Darüber hinaus könnte es sein, dass der Ehemann die sowieso gerade loswerden wollte. Vielleicht hatte er sie auch satt. Ist schon komisch, wenn die Mädchen lieber beim Vater bleiben wollen. Das spricht Bände. Der hatte es 16 Jahre ausgehalten. Empathen sind leidensfähig.«*

Paarberater Dr. Sokrates machte ein wohlwollendes Gesicht und schob seinen Monaco etwas von sich weg, ohne das Glas loszulassen. *»Man nennt dieses Phänomen* ***fast forwarding****. Also eine Person, die ran geht wie Blücher, der Reitergeneral. Einfach viel zu überstürzt ist* *das alles. Wir in der Psychotherapie erkennen hier sofort Individuen mit einer instabilen Persönlichkeit. Ein warmer Wechsel war das. Jemand, der nicht alleine sein kann. Eine Störung, die hier passen könnte, wäre die* ***dependente****, auch abhängige Persönlichkeit. Solche Menschen klammern sehr stark, sind einfach unsicher alleine und wollen sich so eine Situation schaffen die ihnen Sicherheit gibt. Sie wollen schlicht versorgt bzw. umsorgt sein und überlassen viele Entscheidungen, wie Wochenendplanung, Ausgehen, Erledigungen dem vermeintlich starken Partner. Alleine sein können sie nicht, denn dann fühlen sie eine Leere und das schmerzt. Trotzdem sind emotionale Bindungen nur auf der Stufe eines Kindes möglich. Beziehungen mit solchen Partnern sind intensiv und zugleich instabil. Es kommt häufig zu Komorbiditäten mit* ***Borderline****,* ***Narzissmus****, Suchtmittelstörungen und* ***Histrionik****. Dass sie ihren Gatten nach so vielen Jahren im Stich lässt, hat einfach damit zu tun, dass sie nicht mehr geil auf den war. Das ist alles. Bob hat Verlustängste und lässt zu vieles mit sich machen. Er hat mir noch berichtet, dass sie das sogar zugegeben hatte. Der Ex-Captain hätte angeblich Dinge verlangt, die sie nicht geben wollte. Es war abtörnend, aber wohl erst nach 16 Jahren. Anscheinend musste sie ihn auch diskreditieren vor Bob, denn die Entwertung des Ex-Mannes ist ja wie eine Aufwertung für den neuen Steuermann oder eine Versicherung.«*

Alle prusteten laut durcheinander. So was Verrücktes hatten sie noch nie gehört. Aber sie wussten, der Therapeut machte hier keinen Spaß. Dafür nahm er seine Arbeit zu ernst.

»Bei mir sind einige schon nach dem ersten mal total abgetörnt«, spottete Hans, *»und melden sich deshalb meistens erst in einem Jahr wieder.»*

»Das Gehirn wäre ein schlechter Speicher und glorifiziert mit der Zeit Erinnerungen«, meinte Vergil schmunzelnd, er hätte darüber schon mal etwas in einer Doku gesehen und da war die Erklärung, dass das Miese mit zunehmender Dauer einfach vergessen wird. *»Deshalb Hans, melden die sich nach so langer Zeit wieder bei dir. Du bist plötzlich in deren Fantasie zum Stier und Achilles mutiert.«*

Wieder mussten alle laut durcheinander kichern.

»Und als Surrogat«, warf Dr. Sokrates noch ein, *»bleibt das positive übrig. Das ist auch der Grund, warum so viele wieder mit dem Ex zusammenkommen. Man hat schlicht vergessen, was für ein Depp das war. Das gilt natürlich nicht für dich!« S*ein Blick wanderte zu Hans, und nach einer kleinen Pause sagte er: *»Den Effekt machst du dir unbewusst zu nutze.«*

Der Dok verspürte daneben auch etwas Mitleid mit Bob, dem Banker, denn sie machten sich gerade ziemlich über seine Ahnungslosigkeit und Unachtsamkeit lustig. Er kannte ihn schon seit der Schulzeit und wusste, dass der gerissene Schlipsträger privat ganz herzlich war. Das gibt es oft. Im Job ein Raubtier und zu Hause ein Schoßhund. Aber er wusste auch, im Leben kommt es manchmal knüppeldick und da musst du Dinge mit Humor nehmen. Alles andere bringt nichts. Es gibt so viele Gestörte da draußen. Oberste Pflicht ist deshalb Selbstschutz. Das geht aber nur, wenn du Beziehungswissen hast. Das ist wie mit Finanzbildung, ohne das wirst du nicht vermögend oder reich bleiben. Und für die Kunst des Liebens braucht es das Studium über Partnerschaften.

»Liebe ist kein Solo, Liebe ist ein Duett. Verschwindet sie bei einem, verstummt das Lied.«
(Adelbert von Chamisso 1781 - 1838)

VERBRANNTE ERDE

Nachdem sich alle wieder beruhigt hatten und Hans, der in solchen Situationen meistens am herzhaftesten lachte, sich sogar die Tränen aus den Augen wischte, denn er ist wohl etwas schadenfroh, sortierte sich unser Verhaltenstherapeut und begann verheißungsvoll: »*Jetzt wird es spannend. Die Kür beginnt. Bob war ganz aufgeregt, heute, gegen 17, Uhr wollte Tinkerbell zu ihm kommen. Wilde Gedanken blitzten in seinem Kopf auf. Es war nicht zu fassen, was treibt er da eigentlich? Er kannte diese Frau überhaupt nicht. Kannte sich nicht mehr? Eigentlich kannte er nur ihren gemolkenen Busen, ihren Oberkörper und dass sie strahlende azur-blaue Augen hatte und total verführerisch war. Dafür war dies doch ein ziemlich irres Unterfangen? Gestern hatte sie ihn noch weinend angerufen und musste sich unbedingt nochmal mit ihm treffen. Sie war total aus dem Häuschen. Meinte, Kapitän Ahab hätte das Profilbild von ihm, bei FB, einer Psychologin gezeigt. Darauf war Bob als Porträt abgebildet. Ein befreundeter Fotograf hatte diese Bilder gemacht, weil er die grün-blauen Augen von ihm so toll fand. Aufgrund dieser Fotos bei »Fratzenbook« stand Tinkerbell nun vor ihm und meinte, er wäre ein Narzisst. Er wusste gar nicht so genau, was das ist. Aber ihm war klar, so wie die rüberkommt, wohl nichts Tolles. Das sind so selbstverliebte Menschen mit eingebautem Priority Pass, mehr Durchblick hatte er nicht und entgegnete irgendwann vor lauter Hilflosigkeit, er wäre keiner. Damit war sie zufrieden. Das überraschte ihn zwar, aber er wollte nicht weiter bohren. Was sollte diese Aktion und wie konnte eine Psychologin anhand seiner Augen zu solchen Schlussfolgerungen gelangen? Für ihren Ex-Mann hatte er jetzt kein Mitgefühl mehr, der musste einen Spleen haben oder er war verzweifelt oder das war irgendeine geheime Botschaft, die er noch nicht entschlüsseln konnte. 17:17 Uhr und sie war noch nicht zu sehen. Bob wurde unruhig und dachte, dass das alles nur ein Traum war. Die wird nie kommen. Das wäre dann ein Fall von* **Mosting**. *Nie wieder wird die sich melden. Er spürte Panik.«*

»Die kommt, der Typ ist wohlhabend«, sagte Vergil emotionslos, *»hat eine Architektenvilla und die hat kein Interesse mehr auf die Hausmutter-Nummer. Ich lege mich fest, dass sie kommt. Sie weiß doch, so eine gute Partie kommt selten. Noch dazu ein Anständiger.«*

»Ich bin mir da nicht so sicher«, meinte Hans, *»bei den Weibern weist du nie, woran du bist. Nur eines ist gewiss, die haben da so ein Gen, das ist dafür verantwortlich, dass sie immer Kohle wollen. Wenn du ein kapitaler Hirsch bist, dann macht dich das anziehend. Je heller du strahlst, desto mehr Motten ziehst du an. Das ist erwiesen. Ich habe da neulich eine Studie der Universität Pennsylvania gelesen, da meinten die sogar, Geld mache glücklich und je höher dein Bankkonto desto attraktiver bist du.«*

»Jaja, das gilt dann aber wohl auch in die andere Richtung«, herrschte ihn Dr. Sokrates an. *»Es gibt auch Männer, die Frauen ausnutzen, zB. die Heiratsschwindler. Lasst uns nicht in Stereotype verfallen. Man darf nicht alles und jede über einen Kamm scheren.«*

»Validiert ist«, grätscht Vergil dazwischen, *»dass zahllose Frauen schlecht entlohnte Jobs ausführen und deshalb kommen die alleine nur mäßig über die Runden. Wenn ich zwischen einem Typ mit Villa und voller Brieftasche oder einem mit Wellblechhütte und Zwiebelleder (treibt einem beim Öffnen die Tränen in die Augen, weil nichts drin ist) wählen sollte, würde ich selbstverständlich den* Bourgeois *nehmen.«*

»Fakt ist, heute sind die Leute immer skurriler«, sagte Dr. Sokrates, *»darauf stoße ich an, denn das treibt mein Geschäft.«* Mit zwei Zügen verschwand der Inhalt des halben Glases in der Kehle des Doktors. *»Das bemerke ich auch bei mir in der Praxis und gerade narzisstische Störungen nehmen zu. Es ist wie beim Tauziehen. Irgendwann tut es weh und trotzdem hälst du daran fest. In dem Moment wo du nicht mehr kannst, wo der Schmerz am größten ist, da lässt du los. Bob war noch ganz am Anfang und auf alle Fälle dem Wahnsinn nahe. Kommt sie oder nicht? Da sieht er ihr altes klappriges lila Auto die Einfahrt auffahren. Der Wagen besaß sogar einen Spitznamen. Irgendwas mit Münchhausen, oder so. Fällt mir grade nicht wirklich ein, egal. Der Münchhausen ist voll beladen bis unter die Decke. Lauter Krimskrams, das meiste waren Klamotten und Persönliches. Tinkerbell strahlte ihn aus ihrer Schrottlaube heraus an. Schnell läuft er zur Türe und umarmt sie heftig. Zieht sie in sein Palazzo und will wissen, wie es ihr geht und was passiert ist. Bob war so aufgeregt. Ihre Familie hatte die ganze Nacht versucht sie umzustimmen. Alle redeten auf sie ein. Ihrem noch-Ehemann hat sie klipp und klar gesagt, dass sie ihn noch nie geliebt hat. Bob war baff und das auch*

noch vor den Kindern. Das sitzt, aus diesem Loch kommst du dein Leben nicht mehr raus. Dem hat sie also fast 6.000 Tage was vorgespielt, vielleicht auch Orgasmen und nun, peng, der Pianist ist tot, der Vorhang fällt. Hallo, hier ist die rote Pille für dich, willkommen in der Realität.«

»Das ist Matrix oder?«, redete Hans dazwischen, *»die blaue stand für die Traumwelt. Denke, ihr Mann hätte gerne weiter die blaue genommen. Knallhart, wie sie dem die Wahrheit einbläut. Wie einer Stopfgans zu Weihnachten. Welche Pille würdet ihr nehmen?«*

»Ich schlucke die blaue, ganz klar«, antwortete Doktor Sokrates, *»unser Dasein ist so, wie wir es wahrnehmen wollen. Mit der Realität hat das nichts zu tun. Selbst die Farben stimmen nicht. Alles nur Schwindel, denn die meisten Geschöpfe von Mutter Erde sehen nur schwarzweiß oder monochrom. Kapitän Ahab befindet sich auf alle Fälle im Schmerz. Aber das hilft, so kann er an sich arbeiten und sein Leben wird runder. Es ist eine Chance. Der Drache ist weg.«*

Hans und der Arzt drehten ihre Oberkörper zu Vergil und schauten ihn fragend an.

»Ich entscheide mich für die rote, jederzeit, denn deine Träume werden immer von der Realität eingeholt. Was ist aber mit dir, lieber Hans? Welche Tablette nimmst du?«

»Ich weiß es, weiß es ...«, rief der Therapeut singend über den Tisch.

»Ach ja«, lachte Hans, *»du kennst mich also so gut, dass du dir einbildest, zu wissen, welche Droge ich bevorzuge?«*

»Logo, ich bin Verhaltenstherapeut und bin mir ziemlich sicher, dass du die blaue schluckst.« Siegessicher trank er daraufhin den Rest seines Glases aus.

Hans klatschte in die Hände und bedeutete ihm, dass er Recht hat. *»Die Wahrheit ist mir nicht immer so wichtig, ich bin ein Träumer und Glücksritter«*, sagte er lachend.

»Wenn es so einfach wäre«, argumentierte Doktor Sokrates, *»wie mit diesen bunten Kapseln, das wäre schön und uns allen wäre geholfen. Ahab hat mein tiefstes Bedauern. Er wurde mega* **geblamed***. Auch Bob empfand aufrichtiges Mitleid und fand ihr vorgehen etwas zu unmenschlich.«*

»Wie ein Zerstörer ist die über den hinweg«, sagte Hans. *»Ich weiß nicht, ob das so richtig war. Hätte man das nicht fürsorglicher machen sollen, müssen?«*

»Möglicherweise hatte sie aber auch Frust«, brach Vergil eine Lanze für die Konsummangerin, *»aufgestaute Gefühle brechen los, wie bei einem Dammbruch und sind nicht mehr zu bremsen. Aber nach allem, was wir bisher wissen, hat ihr Ex keine groben Fouls begangen. Im Gegenteil, er war halt eigenbrötlerisch, aber fair zu ihr. Warum ist sie nicht schon längst gegangen? Warum hat sie ihn gerade jetzt verlassen? Liegt das an Bob? War Bob der richtige zur passenden Zeit oder gab es all die Jahre keinen besseren Ersatz? Es gibt noch viele Fragen«*

»Ich glaube«, antwortete Hans, *»die Lady ist ziemlich durchtrieben und opportunistisch. Irgendwas muss mit Ahab vorgefallen sein. Mutmaßlich funktionierte die Sache zu Hause nicht mehr so, wie sie es wollte. Mit Sicherheit gab es Affären, aber keine wollte sie haben. Ich bin*

der Meinung es gibt keine wahre Liebe. Eine Frau Mitte vierzig, mit drei Kindern, ohne Moos, wer steigt da schon gerne auf? Klar mal über den See rudern, das machen viele, verlassen den Kahn aber auch zügig wieder an der nächsten Anlegestelle. So wie ich immer.« Er lacht!

»Da kommst du der Wahrheit ganz nah, glaube ich«, sagte Vergil, *»es geht auf alle Fälle um sie. Sie will plötzlich runter vom Schiff, sofort. Wahrscheinlich hat Käpitän Ahab einen anderen Kurs eingeschlagen. Vielleicht war er aber auch müde, sein Fühlhalter war leer und er hatte keine Ersatzpatrone.«*

»Ja, Leute«, sagte Doktor Sokrates, *»das hat die knallhart gerockt. Trifft da einen Lover und zieht paar Tage später bei dem ein. Ohne Not den alten Kapitän, samt Mannschaft, im Stich gelassen. Tinkerbell konnte wohl eine knallharte Person sein. Ohne wenn und aber hatte sie das durchgezogen. Kein Wimpernzucken, keine Freundlichkeiten, Messer auf die Brust und cut. Auch diese rote Flagge schob Bob weg. Er wollte diese Blondine haben. Sein Gehirn war mittlerweile gekapert. Egoistisch sagte er sich, Ahab hatte die letzten Jahre Zeit mit ihr. Da er es verkackt hat, sein Bein ab ist, bin ich jetzt dran.«*

»Mal sehen, ob hier noch einer ein Holzbein bekommt?«, sagte Vergil mit schwarzem Humor.

«Todesmutig«, trat Hans sarkastisch nach, *»kämpft nun der nächste mit dem weißen Wal. David gegen Goliath fällt mir da noch ein.«*

»Und King Kong wollen wir hier auch nicht vergessen«, fügte der Paartherapeut lachend hinzu, *»der opferte sich für seine weiße Lady. Leidenschaft kann dich dahinreißen und hat schon bei vielen das Ende herbeigeläutet.*

Auch unser Bob war sich über die ganzen Auswirkungen bzw. folgenschweren Verstrickungen, in die er blindlings und freiwillig lief, nicht bewusst. Ich will euch nur sagen, das ist wie mit dem Fleisch essen. Aufgrund der billigen Produktion und der katastrophalen Umstände bei der Herstellung kann das Endprodukt nicht gesund sein. Aus Dreck machst du kein Gold. Du musst schon vorher liebevoll sein. Also von Beginn an muss alles passen. Wie beim Kobe-Rind, möglicherweise?»

»Was redest du da?«, mimte Vergil den Advocatus Diaboli und murmelte: *»Ihr Admiral hatte es nicht mehr gebracht und die hat ihm mutig die Stirn geboten und der Familie gleich mit. Christoph Columbus entdeckte zwar Amerika, aber gegen Ende hin wurde er wie ein Aussätziger behandelt. Eventuell waren bei ihr zu Hause alle doof und haben sie nur ausgenutzt, als Köchin, Liebessklavin oder so. Er kann sich doch eine neue suchen. Soll doch froh sein, denn mit ihr hat es ja angeblich nicht mehr funktioniert. Besser einer geht dann!«*

»Ach Quatsch«, entgegnete Hans, *»der Alte war ausgelaugt und die brauchte Frischfleisch. Ihre Vorratsdose war leer. Die sind so, wir doch auch. Aber gut hat sie das nicht gemacht. Auf Scherben kannst du nicht aufbauen. Das wüsste sogar ich.«*

»Ich pflichte dir bei«, sagte der Doktor, *»es ist immer ganz wichtig, Beziehungen zu verarbeiten, also erstmal alleine zu bleiben. Je nachdem, so ein Jahr, auch länger, aber mindestens einige Monate. Wie viele gehen wieder zurück? Du musst dir die Zeit nehmen, das Vergangene abzuschließen. Es hat ja nicht geklappt, also gibt es Gründe und die liegen auch bei dir. Was Tinkerbell hier*

macht, ist sehr fragwürdig, ohne Verzug zum Nächsten. Beide hatten nun fünf Kinder im Patchworkstyle.«

»Einen Menschen lieben, heißt einwilligen mit ihm alt zu werden.«
(Albert Camus 1913 - 1960)

WIE EIN LSD-TRIP

Jetzt kommt die erste Nacht und Doktor Sokrates wird sie gleich verkünden, davor bestellte er aber noch was. »*Machen Sie mir noch einen Monaco bitte, mit ordentlich Grenadine. Bob erzählte mir, dass sie noch lange geredet und den Kombi ausgeräumt haben. Alles war total aufregend und ...*«

»*Wie Bonnie und Clyde, nur in modern!*«, blökte Hans dazwischen.

»*Yeah, Verbotenes übt einen starken Reiz aus*«, antwortete der Dok, »*auch Spontanes und Verrücktes, gerade noch, wenn einer übertreibt. Irgendwann sagte Bob, der neue Kapitän, zu ihr: Ich weiß noch nicht mal, was du frühstückst, und du hast noch nie das Schlafzimmer gesehen. Das ganze Obergeschoss ist neu für dich, auch der Garten, der Pool, wie der Rest. Die ganze Sache fühlte sich an wie ein LSD-Trip. Tinkerbell schien, obwohl sie gerade ihre Familie verlassen hatte, guter Dinge. Das war wohl die Freude auf ein neues Leben als Prinzessin. Mit ihren Sektgläsern gingen beide ins Obergeschoss und vom Schlafzimmer auf die Terrasse. Alle Nachbarn hatten Bäume und gepflegt angelegte kleine grüne Oasen. Die meisten wurden von Gärtnern umsorgt. Nur Bob machte das immer selbst. Er liebte die körperliche Arbeit, als Ausgleich zu seinem doch eher tristen Büroalltag. Um den Rand seines Grundstückes waren 117 Buchen gepflanzt und die schnitt er einmal im Jahr in Form. Das war ein mega Job. Er war danach immer total zerkratzt und erschöpft. Außerdem hatte er noch einige Sonnen-*

schirm-Bäume, ein Hochbett, ein Kräuterbett, einen kleinen Nutzgarten und einen mega Pool, mit Gegenstromanlage, in Form einer acht. Überall im parkähnlichen Anwesen gab es lauschige Ecken und Sitzgelegenheiten. Tinkerbell und er setzten sich auf die hölzerne Bank und hatten das Gefühl, dass sie mitten in den Wipfeln der Bäume schweben. An einem Dachbalken schaukelte eine brennende Kerze in einem Glasbehältnis. Am Horizont ging gerade die Sonne zwischen zwei majestätischen Blaufichten unter. Alles fühlte sich perfekt an und Bob spürte so etwas wie Ganzsein und Heilung. Er hatte so lange dafür geschuftet, gewartet und gebetet. Alles Materielle hatte er und was er sich wünschte, das konnte er sich leisten. Nur die verbindliche wahrhaftige Liebe hatte noch keinen Platz in seinem Leben gehabt. Eine Liebe, die die Seelen verbindet. Die aus zwei Menschen einen macht. Diese neue Partnerin, die aus einer so langen Lebensgemeinschaft kommt und mit großer Wahrscheinlichkeit eine gute Mami war, ist seine liebevolle Amazone. Bob wollte sie und die anderen sollten sehen, wo sie bleiben. Sich selbst war er jetzt am nächsten. Würde ihr alles zu Füßen legen, damit sie sich richtig wohl fühlt, und ritterlich voranschreiten. Hier hatte er sich diesmal nicht geirrt. Das Universum hatte ihm endlich die richtige geschickt. Das hatte er auch verdient, nach all den Psychos die letzten Jahre mit ihren verdammten Neurosen und Störungen. Gerade vor Tinkerbell hatte er eine Freundin im Sportstudio kennengelernt. Drei Monate lang hatte die ihn angegraben. Er blieb standhaft, weil er spürte, mit der stimmt was nicht. Die war so fahrig und erzählte sofort sehr intime Details aus ihrem Leben. Aber schluss-

endlich sah sie top aus und bemühte sich so lange aufrichtig um ihn, bis er schwach wurde. Er datete sie dann doch und wurde sofort ihrer Tochter wie eine Trophäe vorgestellt. Alle freuten sich. Es gab Sekt, wie nach einem großen Rennen. Bob fühlte sich damals geschmeichelt. Die erste Nacht mit ihr war der Hammer. Ihr Fahrwerk wie gemeißelt. Sie war sehr schlank, aber dafür hatte er ja eine Affinität. Ganz ganz lange Beine und super feste kleine Brüste, wie eine 20 jährige. Er drehte durch, allein schon beim Streicheln ihres Busen kam er immer sofort. Sie hatte aber auch eine sehr erotische Art an sich. Ihre ganzen Bewegungen waren wie in einer Sexshow. Plötzlich, nach ein paar Dates, sagte sie zu ihm: Du, ich rauche, gell, und zum Orgasmus komme ich nie. Blasen will ich auch nicht und in meinem Mund kommen geht gar nicht. Das sagte die mit so einer Inbrunst, als wäre es das normalste der Welt. Bob war damals pikiert und konsterniert. Heute würde er einfach gehen, allein schon wegen des Zigarettenrauchs. Das Qualmen hatte die vor ihm verheimlicht und nur der Himmel weiß, was sonst noch los war. Die Beziehung zu ihr hielt nicht sehr lange. Allein schon wegen ihrer Bindungsangst. Es vergingen 14 Tage und sie war für ihn nicht erreichbar. Die Partnerschaft kam nicht wirklich ins Laufen. Es fühlte sich an wie **Breadcrumbing***. Ständig ausreden, warum sie nicht kann. An Weihnachten saß er alleine da, da machte er mit ihr Schluss. Geschenke für sie und ihre Tochter hatte er noch im Garten abgelegt. Die hatte sich auch nochmal gemeldet, entschuldigt und wollte weiter machen, aber er hatte keine Lust. Dabei hatte sie auch noch so super geküsst. Es war der Wahnsinn, man konnte mit ihr stundenlang nur* *schmatzen. Auch ihre Muschi war der Kracher. So eng konnte sie sich machen. Bei ihr konnte er sich regelmäßig nicht kontrollieren. Aber sie hatte wohl starke Bindungsphobie. Das zeigte auch, dass sie ihren damaligen Mann mit Beginn des Heiratsantrages verlassen hatte und die Tochter lieber alleine aufzog. Sie war sehr nett, hatte Stil, war vermögend, aber leider mit einer instabilen Persönlichkeit. Wahrscheinlich rührte es vom Scheidungskrieg ihrer Eltern. Sie tat ihm damals leid, aber er sah keine Hoffnung, denn sie wollte sich nicht damit auseinandersetzen. Also musste sie gehen und er hatte starken Liebeskummer. Es war eine große Herausforderung diesen Schmerz auszuhalten.«*

Vergil warf hier ein: *»Es gibt Untersuchungen die meinen, dass 8 von 10 Personen eine Störung haben bzw. nicht beziehungsfähig sind. Auf alle Fälle gehört zu einem gesunden Ich auch das Loslassen. Wenn dein Partner dir keine Zeit schenkt, dann gibt es wohl Wichtigeres für ihn.«*

»Also aus meiner Praxis Erfahrung«, sagte Dr. Sokrates, *»könnte man meinen, es sind 9 von 10. Bindungsangst kommt oft vor. Das hier war ein Klassiker, jemand rennt dir so lange hinterher, bis er mit dir zusammen ist und dann plötzlich schläft das ein. Dem Gegenüber macht nun die Nähe Angst und du verstehst die Welt nicht mehr.«*

»In einer Beziehung gehst du ja auch gewisse Verpflichtungen ein. Intimität ist sehr wichtig und auch der Austausch. Das funktioniert, aber nicht mit einem Partner, der nicht präsent ist. Der nur alle 14 Tage Zeit hat oder wie Hans dich nur einmal im Jahr sehen will. Am

besten wäre du findest dich Oke, dann kannst du jede lieben.«

»Ich sage das aber immer direkt«, rechtfertigte sich Hans.

»Der Bob hat es doch gut erkannt.«, warf Vergil dazu, *»Wenn eine einen Schaden hat, sich eine Partnerschaft vom Start weg toxisch, also nicht gut anfühlt, dann weg damit. Du kannst die nicht ändern. Schade nur, wenn sie so gut war. Gerade am Anfang zeigt man sich doch von der Sahneseite, oder?«*

»Ich hätte versucht«, antwortete Hans, *»so eine Art Freundschaft plus oder besser minus mit ihr zu führen.“* Er lacht.

»Eine Sache wurde mir im Laufe der Jahre auch immer wichtiger«, sagte der Therapeut, *»die Entwicklung, also wie verlief die Kindheit und dein weiteres Leben. Hier kann man schon viel erkennen. Das erkläre ich auch immer meinen Patienten. Als Beispiel, jemand kommt wie unsere beiden Damen hier aus zerrütteten kindlichen Verhältnissen, dann ist es wahrscheinlich«,* Dr. Sokrates hob nun mahnend seinen Finger, *»aber nicht zwingend, dass es Spuren hinterlassen hat. Hier sollte man also vorsichtig sein. Deshalb ist es immer besser, beim Kennenlernen nicht gleich zu intim zu werden, denn Liebe bedeutet nicht ficken, ficken und nochmals ficken.«*

»Das einzig wichtige im Leben, sind die Spuren der Liebe, die wir hinterlassen, wenn wir gehen.«
(Albert Schweitzer 1875 - 1965)

DIE YOGAMEISTERIN

Die Bedienung brachte den Monaco und stellte ihn auf dem Tisch ab. Sie trug schwarze Leggins und hatte eine super Figur, fand die Runde. Auf ihrem T-Shirt stand irgendwas mit Yoga. Es hatte den Anschein, dass sie eine Yogameisterin war und hier eventuell jobbt oder auf Kundenfang ging.

»Danke«, sagte Dr. Sokrates und begann leise weiter zu berichten. *»Bob erzählte mir, dass die erste Nacht zwar prickelnd, aber der Sex nicht so toll war. Die hatte so einige Ticks und rieb sein Glied permanent über ihre Brüste.«*

Lautes Lachen am Tisch!

»Wahrscheinlich war das noch in ihr drin«, sagte der Therapeut. *»Sie musste sich erst umstellen. Bobs Eichel schmerzte schon von dem Prozedere und auch das Küssen war nicht so wie mit der letzten. Es ist doof, wenn du eine hattest, die es richtig gut konnte, und dann kommt eine, die vielleicht nicht so eine Virtuosin ist. Aber nach 16 langweiligen Jahren verständlich. Auch die Figur war natürlich anders mit drei Kindern. Darum geht es aber nicht, sagte er sich. Du solltest auch das Leben und die Leistung deines Partners würdigen und ihn deshalb lieben. Wenn der halt Gipser ist und total raue, schreckliche Hände hat, dann solltest du das trotzdem wertschätzen oder besser gleich gehen. Meistens ist es so, dass Mütter mit Nachwuchs nicht mehr ganz knackig und frisch sind. Das ist eine Tatsache, da kannst du keinen Po ohne Orangenhaut mehr verlangen, das wäre wahnsinnig, total*

realitätsfremd. Wir haben ja auch schon Falten und Bierbäuche. Also eher du, Hans«, fügte er lachend hinzu.

Hans schmunzelte, er konnte einiges ab, das brachte schon der Beruf mit, und meinte nur lapidar: *»Die Frauen mögen mich und ich finde, ich bin sehr durchtrainiert und ein Fighter.«*

Vergil und Dr. Sokrates kannten dieses Verhalten von ihm. Er war trotz Wampe, verrauchten Zähnen und Unsportlichkeit der Meinung, dass er gleich nach James Bond kommt. Er vertrug viel Häme darüber und es war nicht klar, wie weit bei ihm der Realitätsverlust im Bewusstsein angekommen war. Viele stellen ihre offensichtlichen Fehler und Makel als nicht relevant dar oder verkehren sie ins Gegenteil. Aber auf ihn war Verlass. Er hatte ein gutes Gemüht und war bei Not zur Stelle. Das macht Freundschaften aus.

Vergil blickte einmal in die Runde und fragte: *»Isst jemand von euch etwas? Ich habe nämlich großen Hunger, denn ich habe noch nicht viel gefuttert heute und war morgens schon im Wald joggen?«*

»Ja, unbedingt«, antwortete Hans, *»ich schaue gleich mal in die Karte. Warst du am Karlsten laufen?«*

»Ja, dort beim Gehege mit den drei wilden Tierarten.«

»Was hast du für welche gesehen?«, wollte Hans neugierig wissen.

»Hmm warte..., unbedingt eine Wölfin, Schweine und Lämmer.«

»Cool, die Wölfin kenne ich auch, die wirkt ganz abgemagert«, erwiderte Hans, *»wisst ihr, dort hielten sie sogar mal einen Eisbären. Ich kann mir das gar nicht vorstellen. Es gibt aber Bilder davon. Warum haben die*

das gemacht? Der Eisbär hatte wohl nur so eine Grube, in der er drin hauste.«

»Klingt irgendwie«, warf Dr. Sokrates ein, *»nicht nach artgerechter Haltung. Wie in vielen Beziehungen, man will etwas unbedingt haben und dann, wenn man es besitzt, kümmert man sich nur noch mäßig darum oder lässt es verkümmern. Der Eisbär ging damals ein, ich erinnere mich. Wegen Essen, muss ich leider mitteilen, dass ich gerade Kurzzeitfasten mache und deshalb erst um 12 Uhr was essen darf, eigentlich. Gestern Abend hatte ich aber um 22 Uhr noch ein Weizenbier und deshalb verschiebt sich das auf 14 Uhr heute.«* Er machte eine Denkpause. *»Eigentlich, aber ich mache eine Ausnahme.« Er schmunzelte.*

»Das könnte ich nicht aushalten«, sagte Hans, *»ich brauche morgens Kaffee, eine Zigarette und dann ein süßes Teil vom Bäcker oder ein Marmeladenbrot.«*

»Was soll das überhaupt bringen?«, wollte Vergil wissen.

Dr. Sokrates erklärte nochmal kurz, was im Körper beim intermittierenden Fasten passiert. *»Im Körper setzt so eine Reinigung ein, manche sagen auch Zellreinigung, alte Schlacken werden abgebaut. Der Organismus repariert sich. Die Wirkung ist mittlerweile bewiesen und überhaupt wird schon seit tausenden von Jahren über alle Kulturen hinweg gefastet. Manche Studien gehen sogar so weit, dass hierbei auch die Psyche geheilt werden kann. Tinkerbell hätte auch mal besser etwas gefastet.«*

Hans hörte interessiert zu, aber wusste genau, sich einschränken, nö, das geht nicht. Er lebte eher nach einem lustbetonten Prinzip. Was der Bauch will, kriegt er auch.

Gerade lief ihre Kellnerin am Tisch vorbei.

»Hallo«, rief Vergil, ihr hinterher, *»wir würden gerne etwas zu futtern bestellen.«*

Sechs Augen verfolgten die Kellnerin und jede ihrer Handlungen. Für einen kurzen Moment waren die Männer im Geiste vereint.

»Wer nicht mehr liebt und nicht mehr irrt, der lasse sich begraben.«
(Johann Wolfgang von Goethe 1749 - 1832)

ICH WILL DEIN SCHÜLER SEIN

Während Dr. Sokrates in der maschinengeschriebenen Menükarte voller Tippfehler las, erzählte er, ohne den Kopf zu heben: »*Bob war trotz oder wegen der Hängebrust weiter total verliebt. So ein ehrlicher und anhänglicher Partner, dachte er. Tinkerbell prophezeite, dass er der Messias für sie ist. Der eine, der manchen nie begegnet. Es war wohl eine sich selbst erfüllende Vorhersage, für sie, für ihn?*

Mutmaßlich hatte er auch einfach nur schon das Stockholm-Syndrom. Sie war halt eine sehr vorzeigbare Frau und überall, wo sie hinkamen, ruhten die Blicke auf ihr. Bob konnte es nicht fassen, dass er diese Mercedes S-Klasse ergattern konnte. Stoßgebete schickte er zum »Lord« und bedankte sich. Er war stolz auf sich und war der festen Überzeugung, dass es auch an ihm gelegen hatte. Nämlich an seiner Persönlichkeit und seinem Aussehen. Das konnte er zwar nicht so richtig verstehen, sein Selbstwert war nicht gar so hoch, aber er wehrte sich auch nicht. Zumindest optisch, dachte er, ist sie eine Eins minus und er höchstenfalls eine Zwei bis Drei. Aber er wusste, die Optik ist für das andere Geschlecht nur nachrangig. Was waren seine Skills? Sehr gepflegt war er, denn nach der Toilette hielt er es wie die Inder. Er wusch sich jedesmal die Genitalien, rasierte sich die Ohr- und Nasenhaare und versuchte sich gut zu ernähren. Das bedeutete für ihn ordentliche Nahrungsmittel, am besten Rohkost. Tierische Produkte aß er zum Schluss nicht mehr. Er achtete auf seine Handlungen, deshalb war es für ihn zum Beispiel, ein no go, extrem breitbeinig, wie so viele Männer, Rad zu fahren. Das war einfach nicht elegant, sondern gedankenlos und wirkte unmöglich. Manche können möglicherweise nicht anders, wegen eines zu voluminösen Bauches. Ferner war er mit allem, was er anpackte, erfolgreich. Er las viele Bücher und suchte die Weisheit. Sein größter Schatz aber, das war seine Herzlichkeit und Liebe, die er dem anderen geben konnte. Diese Beziehung pushte sein Ego enorm. Noch dazu hob Tinkerbell ihn auf den Thron und trug ihn durchs Dorf, wie damals bei den Wikingern. Ständig wurde er gelobt und idealisiert, wie toll er doch wäre.«

Kurz hielt Dr. Sokrates inne und drehte die Karte um. Da waren aber nur die Getränke.

»In meinen Philosophiekursen«, meinte Vergil, *»reden wir oft über das glückliche oder aber ein erfülltes Leben. Was gehört zu einer guten Beziehung? Ein Partner? Oder sollte man versuchen, alleine glücklich zu sein? Ich bin ja als Philosoph großer Anhänger von Zenon von Kition und würde sagen, dauerhaftes Glück gibt es nicht. Sogar soweit würde ich gehen, dass ich meine, dass weniger als die Hälfte des Lebens aus glücklichen Momenten, also diesem Wohlgefühl besteht. Trotzdem kann das Leben erfüllt sein. Dazu sollte man unbedingt in Würde leben. Mit Partnerschaften ist das ähnlich. Neulich haben wir sieben Punkte für eine gute Beziehung zusammengetragen.»*

»Ich bin sehr gespannt«, sagte Dr. Sokrates, blickte kurz hoch und unterbrach das Studium der Speisen. *»Kannst du das mal kurz einwerfen?«*

»Klar gerne. Partner sollten wie gute Freunde sein, Konflikte und unterschiedliche Standpunkt dürfen im

Rahmen eines gesunden Dualismus einfach so stehen bleiben. Es muss nicht immer alles ausdiskutiert werden. Eine funktionierende Streitkultur ist sehr wichtig und Respekt. Gleichberechtigung, Geduld, wenig Anspruchsdenken, alles darf angesprochen werden, loben, Dankbarkeit, nie abwerten und viel Intimität. Ganz einfach zusammengefasst, gerade für dich, Hans, wäre es folgende Haltung. Werdet so wie der Dalia Lama nur mit mehr Sexappeal.« Er lacht.

»*Ahso*«, quoll es humorlos aus Hans hervor.

Dr. Sokrates reichte Vergil die Karte über den Tisch.

»Das mit dem Mönch finde ich prima«, sagte Hans. *»Wenn wir so wie er sein könnten, dafür aber mit mehr Eros, das wäre wirklich topp. Ich glaube, ich sollte mal ein Buch von ihm lesen. Waren das jetzt nicht mehr als sieben Punkte?«*

Vergil zuckte nur lässig mit seinen Schultern.

»Was futtert ihr?«, wollte Hans wissen, der noch gar nicht in die Speisekarte schauen konnte. Er wird wahrscheinlich das gleiche wie immer nehmen.

Dr. Sokrates sagte: *»Ich bestelle einen Fitnesssalat Nizza, und du, Vergil?«*

»Eine Fallapfel-Bowl wird es für mich werden. Hans?«

»Ich nehme ein Schniposa, das ist hier sehr lecker und reichlich.«

»Was macht eigentlich dein Herzmuskel?«, wollte der Paartherapeut wissen. Er machte sich etwas Sorgen um die Gesundheit von Hans.

»Ganz gut«, antwortete Hans, *»ich mache immer Reha-Herz--Sport und Nordic Walking, aber mit dem Rau-*

chen will ich nicht aufhören. Ich habe niemanden, auf den ich Rücksicht nehmen muss. Also kann ich auch treiben, was ich will.«

»Da kann man nichts gegen sagen«, redete Dr. Sokrates los, *»John Steinbeck ließ sich von seinen Ärzten auch nichts vorschreiben, im Gegenteil, und überhaupt wird viel zu viel Wirbel um den Tod gemacht. Vielleicht ist er der Beginn etwas Wundervolles.*

Ich mache mal weiter mit unserer Liebesromanze. Bob hatte also die erste richtig feste Beziehung seit dem Auszug seiner Ehefrau und den Kindern. So ganz, ganz glücklich war er noch nicht. Sein Bauch zwackte noch etwas, also das Bauchgefühl wollte etwas sagen. Der Sex hätte besser sein können, aber vielleicht gab sich das auch noch. Anscheinend musste die ziemlich schräge Sachen bei ihrem Alten treiben. So süß sei er dagegen. Die Intimität mit ihr war gar nicht versaut, noch nicht. Da hatte er schon ganz anderes mitgemacht. Sogar Schläge verlangte mal eine. Das war ihm aber zu arg. Es tat ihm mehr weh als seinem Gegenüber damals. Auf jeden Fall schaute er keine Pornos mehr, lebte nach buddhistischen Grundsätzen, ernährte sich überwiegend tierfrei, hatte seine Emotionen meistens im Griff, zumindest dachte er das, er wurde selten laut, kochte gerne und hatte mega viele Interessen. Auch karrieretechnisch war er gut unterwegs. Und außerdem liebte er die Natur und die Philosophie. Seine Tinkerbell dagegen hatte keine großen Vorlieben oder Werte mitgebracht. Sie passte sich an. Ihr größtes Hobby schien die Sinnlichkeit zu sein. Zu Anfangs bemerkte er bei ihr eine ständige Unruhe. Sie konnte nur schlecht mal nur dasitzen und ein Buch lesen. Aber mit zunehmender Dauer wirkte Tinkerbell stark und selbstbewusst. Sie war die Chefin im Supermarkt, wenn das auch nicht offiziell so war. Aber alle Mitarbeiter taten so. Überhaupt war sie die Beste und Fleißigste. Zur Arbeit hat sie sich immer aufgebrezelt, als käme dort ein Mode Scout vorbei. Aussehen war ihr wichtig. Noch wichtiger war ihr die Lust, das war ihr Steckenpferd. So eine Freundin hatte Bob noch nie gehabt. Meistens lief sie nackt umher und meinte lapidar, du kannst mich jederzeit benutzen, das passt immer. Bob hat mir berichtet, dass sie schon nach kurzer Zeit ohne »Fick« so richtig zickig und leidig wurde. Er hatte von ihr die Erlaubnis erhalten, sie jederzeit zu vögeln. Zu Hause hätte sie auch nie ein Höschen an und er könne sie gerade packen, wie er wolle. Damals war er noch etwas schüchtern und sprachlos darüber, antwortete mit ok, danke, dachte aber, das gehört zu einer gesunden Sexualität. Bob wurde ihr gelehriger Schüler. und akzeptierte, dass Tinkerbell auch in sexuellen Dingen einen größeren Horizont hatte.«

Dr Sokrates atmete tief ein. *»Ich muss das etwas raffen, sonst sitzen wir heute Abend noch da. Es ist aber auch verdammt spannend diesmal.«*

»Kein Problem, tu das ruhig«, sagte Hans.

Vergil schob die Karte auf die Seite. *»Einverstanden.«*

»Die ersten vier Jahre liefen nicht so gut«, fuhr der Paartherapeut fort. *»Die Beziehung war immer wieder on bzw. off. Es fühlte sich für Bob an wie ständiges Heiß und Kalt oder Himmel hoch jauchzend, zu Tode betrübt. Er konnte seiner neuen und großen Liebe nichts recht machen. Wie er es auch drehte und wendete, er war immer Schuld und sie beleidigt. Gekränkt war sie urplötzlich,*

von einer Sekunde auf die andere. Man wusste gar nicht, was los war, und es blieb bei ihm immer so ein diffuses Gefühl. Ihm kam immer der Ausdruck Gaslicht in den Sinn und er sagte ihr das auch, obwohl er damals diesen Begriff noch nicht kannte. Nur **Gaslightning** *war ihm aus einem alten Schwarz-Weiß-Film in Erinnerung.*

Ihr Reden und ihr Handeln waren wie eine Schlucht. Es klaffte eine Lücke. Aus irgendeinem ihm nicht bekannten Grund sagte sie ganz am Anfang so einen unglaublichen Satz: ***Es kann sein, dass ich irgendwann morgens weg bin und mich »ausgeliebt« habe****. Das ging ihm nicht mehr aus dem Kopf. Später wollte sie das so nie ausgesprochen haben. Er hätte sich hier verhört bzw. sie missverstanden. Mit anderen Aussagen war es ähnlich. Bob wollte lernen, besser zuzuhören. Er fing deshalb an, sich die Sachen aufzuschreiben. Nach vier Jahren gab es im Urlaub den ersten ultra großen Cut zwischen beiden.«*

»Liebe mich dann, wenn ich es am wenigsten verdient habe, denn dann brauche ich es am meisten.«
(Helen Keller 1880 - 1968)

EINE ARME MAUS

Die junge attraktive Bedienung kam an ihren Tisch und wandte sich als erstes Hans zu. *»Hallo, was darf ich euch leckeres zu essen bringen?«*

»Ein Schnitzel mit Wedges, Salat und eine Cola Zero bitte!«

Aus irgendeinem unerfindlichen Grund bestellte er immer das Grünfutter mit, obwohl es sehr oft unangetastet zurück ging.

»Ich hätte gerne den Nizza-Salat mit Vollkornbrot und noch einen Monaco, danke.«

»Alles klar«, kam ihre Antwort prompt. Sie wiederholte kurz die Bestellung.

Dr. Sokrates nickte, um die Richtigkeit zu bejahen und den Handel anzuschieben.

Jetzt blickte die Kellnerin fragend zum Letzten in der Runde.

»Haben Sie eine eigene Yoga-Schule?«, formulierte Vergil vorsichtig.

»Ja, ich mache online Yoga auf YouTube, schauen Sie doch mal rein. Sie finden mich dort unter meinem Pseudonym Boho.«

»Interessant, das finde ich super. Ich praktiziere auch Yoga, ich mache so eine Art Hatha, und Sie?«

Ein Lächeln huscht über die dünnen Lippen von Boho. *»Ich mache hauptsächlich Power Yoga, biete aber auch Yin und Ashtanga an.«*

Vergil war beeindruckt. Ashtanga ist das härteste Yoga, was es gibt. Schnell und kraftvoll im Fluss mit der eigenen

Atmung. Das war ihm zu anstrengend. Da ging er lieber eine Runde joggen am Karlstern. Er nickte Boho beeindruckt und anerkennend zu.

»Ich nehme bitte die Fallapfel-Bowl und ich schaue bestimmt mal auf Ihrem Kanal vorbei. Ich gebe Ihnen ein like ... gaaanz sicher!«

Boho lächelte dankend, tippte alles in ihr Tablet, nahm die Karten und drehte sich leichtfüßig auf der Stelle um. Die Oberkörper bewegten sich in ihre Richtung, bis sie durch einen Vorhang in der Türe der Bar verschwand.

Als erster fand Hans seine Sprache wieder. *»Eine super Maus«*, frozelte er, *»aber zu jung und zu anstrengend. Da musst du bestimmt davor und danach immer den Sonnengruß machen und so.«*

Wie das Lachen abebbte wurde es ruhig. Für ein paar Sekunden herrschte Stille am Tisch und alle träumten sich als Yogaschüler mit Boho an eine einsame Bucht in der Südsee unter Palmen.

Als erster unterbrach Vergil die Gedanken. *»Morgens ausgeliebt, was war das überhaupt für ein Spruch? Ich glaube, da ist ihr aus Versehen die Wahrheit rausgerutscht. Sie nimmt das Scheitern vorweg, damit sie später reinen Gewissens erklären kann, die Karten lagen offen auf dem Tisch, oder sie will ihn ordentlich anheizen, damit er sich anstrengt. Nein, ich glaube, die testet ihn jetzt, wie weit sie gehen kann. Was lässt er sich alles gefallen. Wahrscheinlich vergleicht Sie ihn mit ihrem Ex-mann.«*

»Da hätte ich ihr gleich gezeigt«, sagte Hans lauter, *»wo der Maurer das Loch zum Gehen gelassen hat.«*

»Ungeheuerlich ist so eine Aussage ...« Dr. Sokrates hielt inne. *»Das kann auch nicht sein. Reife Liebe ver-*

schwindet nicht plötzlich über Nacht«, sagte er. *»Ich meine auch das ist einfach eine ziemlich kaputte Aussage. Also wo war ich stehen geblieben. Ja, oke, die Beziehung zwischen den beiden läuft eigentlich gut, manchmal phänomenal. Nur der arme Bob ist leicht überfordert. Die Arbeit stresst, das Haus braucht viel Renovierung und seine neue Flamme ist arm wie eine Kirchenmaus. Sie hat nichts mit Mitte 40, keine Rücklagen, dafür viel Temperament und möchte reichlich Privilegien. Was ist wertvoller? Sie verließ ihre Familie ohne einen Cent zu erhalten, obwohl in der gemeinsamen Seemannskiste von Ahab ein schöner Batzen Münzen waren. Er gab ihr nichts mit. Vielleicht hat er es behalten, als Schmerzensgeld sozusagen.«* Er seufzt!

»Genau«, raunte Hans, *»und mir kommen echte Zweifel, ob die so freiwillig die alte Mannschaft verlassen hat?«*

»Die neue Familie, kann ich mitteilen«, sagte Dr. Sokrates, *»mag Bob auch nicht. Zu Feiern wird er nicht eingeladen. Sogar der Ex-Mann kommt noch, aber Bob, der Neue, nicht. Sie gaben ihm wohl die Schuld an der Trennung. Das ist aber auch verständlich. Wer will schon die Ursache woanders suchen und bei sich finden? Bob nahm das etwas mit, denn er wollte sich in der neuen Sippe zeigen und beweisen. Er fühlte sich gemobbt. Von seiner Freundin hätte er sich mehr Unterstützung erhofft. Aber die sagte immer, das ist deine Schuld, wenn meine Familie dich nicht einlädt. Das stärkste Bindemittel der beiden war der Sex. Es wurde zwischen ihnen immer wilder und sie näherten sich so langsam an. Die Qualität wurde besser. Auch das mit dem Küssen klappte jetzt ganz gut. Es*

war noch nicht topp, wie bei der letzten, aber es war die totale Leidenschaft. Oft überkam ihn das Gefühl, dass sie nicht richtig empathisch reagierte, aber das wollte er nicht wahrhaben. Auch spürte er, das wird ein schwieriger Ritt mit ihr. Sie forderte sehr viel Aufmerksamkeit und Liebesbeweise. Er musste ihr jeden Tag ein Herz oder einen Kuss und so weiter senden. Sie war süchtig nach Liebesbekundungen. Ihr merkt schon, da scheint etwas im Busch mit der Fürstin.

»Das Thema Schuld«, fuhr Vergil dazwischen, *»hat in Beziehungen keinen Platz. Jeder nimmt seinen Anteil am Konflikt und in der Regel wird das 50:50 sein. Niemand will den anderen mit Absicht verletzen. Deshalb sollte man auch nicht leichtfertig gekränkt reagieren.«*

»Ich bin perfekt«, gackste Hans und es schien so, als meinte er das eben Gesagte.

Vergil und Dr. Sokrates warfen sich ungläubige Blicke zu. Aber sie kannten ihn. Das Problem war halt, man wusste nicht, meinte er das ernst oder war es einfach nur Egozentrik? Egal, jeder trägt sein Kreuz oder du gehst zugrunde. Die wenigsten sind normal. Es muss halt zusammenpassen, wie beim Mutualismus. Zwei Individuen agieren zum gegenseitigen Nutzen.

»In Partnerschaften muss man sich manchmal Streiten, denn dadurch erfährt man mehr voneinander.«
(Johann Wolfgang von Goethe 1749 - 1832)

EIN HELDENEPOS

Eine Stadttaube landete erneut auf dem Boden direkt vor ihrem Tisch und lief gurrend hin und her. Ständig blickte sie nach oben und wollte wohl etwas von dem Brotkorb haben, den Boho einige Minuten davor abgestellt hatte.

»*Put, put...*«, machte Hans zur Taube und warf ihr ein Stück Vollkornbaguette hin. Noch in der Luft schnappte sie es. Er war begeistert. Immer wieder gab er ihr kleine Krumen. Mittlerweile hatte sich noch ein Hausspatz dazu gesellt. Der Sperling war schneller und nahm der Taube buchstäblich die Krümel vor der Nase weg. Hans warf sodann immer zwei Happen hin, damit die Taube auch noch was abbekam. Einen kleineren für den Singvogel und einen größeren. Er mochte Tiere. Neulich rettete er ein paar junge Taubenkinder vor dem Hungertod, denn ein gedankenloser Hausmeister, bei seinem Arbeitgeber hatte das Einflugloch einfach verschlossen, wegen angeblichen Drecks, der auf dem Boden lag. Aber Hans hörte die verzweifelten Überlebensschreie der Küken und rettete sie. Eine wahre Heldentat war das von ihm. Da pflichteten auch Sokrates und Vergil ein. Eventuell dachten die anderen gerade wieder an dieses Heldenepos.

»*Das mit dem Spatz und der dicken Taube*«, erklärte Vergil, »*ist wie bei Bob und seiner Femme Fatale. Der ist total auf die konditioniert und lässt sich deshalb auch die Wurst vom Brot nehmen, obwohl er nicht müsste. Tinkerbell ist der niedliche charmante mit seinem Singsang betörende Spatz. Eigentlich ist sie kleiner und hat auch nicht so viel zu bieten. Ist aber super gerissen und geschickt. So merkt Bob nicht, dass die Partnerschaft in einer Schräglage ist. Er gibt zu viel Energie rein und erhält zu wenig zurück. Seine Vitalkraft wird von einem Black Hole abgezogen. Im Leben trifft man immer wieder auf Energiestaubsauger. Das ist auch völlig normal und man kann denen noch nicht mal einen Vorwurf machen. Die sind krank und brauchen Lebensenergie und da sie nie gelernt haben, eigene Kraftwerke aufzubauen, bedienen sie sich woanders.«*

»Hahaha ...«, lachte Hans, *»Stromdiebstahl wird bestraft, § 248c StGB wäre das. Wird aber nur auf Antrag verfolgt. Kommt sogar recht häufig vor. Aber das hier ist Schmarotzerei. Wenn einer nicht anders kann, ok, mein vollstes Verständnis, aber die meisten werden zu Gaunern, weil sie keinen Bock haben auf den langen beschwerlichen Weg. Sie wollen es einfach, gleich und schnell.«*

Paartherapeut Dr. Sokrates nickte zustimmend. *»Viele sind einfach tumb, haben einen Größenwahn und schreien deshalb nach mehr, ohne eigene Gegenleistung. Wie in den Sozialsystemen. Es gibt eine Studie, die aufzeigt, dass gut aussehende Frauen häufiger wohlhabende Kapitäne haben. So jetzt, will ich euch endlich diese jähe Zensur schildern, damals...«*

Boho unterbrach ihn, denn sie kam mit den Gerichten. Das war ein guter Trick von ihr, den zuerst zu bedienen, der redet. Da hatte sie die ganze Aufmerksamkeit und der Schwätzer wurde nicht mehr gesehen und war abgelenkt. *»Guten Appetit die Herren, brauchen Sie noch was?«*

»Nein, danke«, antwortete der Doktor und schaute zu Vergil.

»Nö.«

»Äh ... ich hätte gerne etwas Bratensoße«, sagte Hans, *»und Ketchup.«*

»Kein Problem bringe ich Ihnen gleich. Wie viel Tomatendressing möchten Sie?«

»Das ist witzig«, schmunzelte Hans, *»Zwei Beutel, bitte.«*

»Guten zusammen.«

»Mahlzeit«, brummte Hans, ganz Beamter.

»Haut rein«, sagte Vergil. *»Sieht sehr gut aus, dein Grünfutter, Dok. Schmeckt's?«*

»Super«, antwortete Dr. Sokrates, *»das Dressing hier ist topp und alles kommt frisch vom besten Stadtmarkt. Das nächste mal probiere ich aber mal deine Bowl, denn ich liebe Kichererbsen.«*

»Ich auch«, erklärte Vergil, *»und für Veganer sind Hülsenfrüchte unabdingbar. Auch wegen der vielen guten Inhaltsstoffe. Es sind wahre Gesundheitsbomben, wie Linsen. Sogar einen Klecks Hummus haben sie noch drauf gemacht. Auch so ein Wundermittel aus der Venuskicher.«*

Das Schnitzel von Hans war riesig. Es ragte links und rechts über den weißen Tellerrand. Die Panade war goldgelb ausgebacken und wölbte sich an manchen Stellen. Mit etwas Fantasie sah es nicht wie ein Leichenteil, also ein Stück von einem toten Lebewesen aus, sondern wie Sanddünen an der Ostsee oder in der Wüste. Nur das gelbe Ding obendrauf passte nicht dazu. Es könnte allerhöchstens die Sonne sein, aber dafür sollte sie nicht im Sand liegen. Die Zitrone war das einzig Gesunde auf dem ganzen Teller. Für etwa eine Viertelstunde war es ruhig an der Tafel und man hörte nur das Klappern des Bestecks und das Gemurmel der übrigen Gäste. Die weißschwarz gesprenkelte Stadttaube lief um den Tisch und ihr Kopf machte dabei diese komischen ruckartigen Bewegungen. Wenn man es nicht besser wusste, konnte man glauben, dass sie alles mithörte.

Am schnellsten war unser Sokrates fertig. Das ist wohl seinem Los als Erzähler geschuldet.

»So, jetzt aber avanti weiter«, unterbrach er das Schmatzen von Hans, *»Bob und Tinkerbell planten damals einen Urlaub, er wollte ans Meer, irgendwo abhängen und chillen, einfach den ganzen Tag kuscheln, Füße massieren und über die gemeinsame Zukunft reden. Sie schlug aber, warum auch immer, eine Radtour vor. Das war eigentlich ungewöhnlich, denn Bob war der sportlichere von beiden, immer quirlig mit Hummeln im Arsch, und sie kam oft nicht hinterher. Aber so eine Reise mit dem Drahtesel, das ist ja keine Lauf-Challenge und er willigte freudig ein. Sie würden schön gemütlich durch das Neckartal am romantischen Heidelberg vorbei cruisen, um dann im mittelalterlichen Bad Wimpfen zunächst der wild-natürlichen Kocher folgen. Direkt von der Villa aus fuhren sie vollbepackt los, erst ein Stück den Neckarradweg, an der Perle des Neckartales (Hirschhorn) vorbei und später sollte es dann an der malerischen Kocher und Jagst entlang gehen. Es war ein Rundkurs. Am zweiten Tag veränderte sich schon die Stimmung von Tinkerbell. Sie war irgendwie verkrampft. Erst viel später erfuhr er, dass sie sich zu viel vorgenommen hatte und*

es nicht richtig sagen konnte oder wollte. Ihr eines Knie machte Stress. Aus diesem Grund blieben sie zwei Nächte in Bad Wimpfen im Kloster. Überhaupt sollte es hier ja erst richtig losgehen, auch mit den Steigungen.«

»Ich kenne das gut«, unterbrach Hans, *»dort gibt es eine der letzten und sehr gut erhaltenen Kaiserpfalzen Deutschlands. Da war ich schon oft mit dem Motorrad. Sehr schön ist es dort. Das Kloster kenne ich aber nicht.«*

»Die Stimmung besserte sich nicht«, redete der Doktor weiter. *»Jeder machte dem anderen Vorhaltungen über dessen Verhalten. So eine klassische Pattsituation. Tinkerbell wirkte auch so kühl und kalt. Bob meinte, es war einfach nicht an sie ranzukommen. Als hätte sie sich plötzlich ausgeliebt, wie vorhergesagt. Sie blieben auch am zweiten Tag im Kloster und er fuhr mit dem Rad nach Bad Friedrichshall. Hier beruhigte er sich, stärkte seine Seele und wollte gegen Abend nochmal mit ihr reden. In Bad Wimpfen trank er noch einen Kaffee und schrieb ihr, sie solle doch kommen. Aber sie wollte nicht. Wie er zurück war, fand er sie im Grünen. Im schönen Klostergarten saß sie in einer Laube der alten Mauer und kiffte. Ein schöner Anblick war seine Schlossherrin. Er redete sachlich und behutsam mit ihr und wollte klar machen, dass sie doch eine Lösung finden sollten. Am besten eine, die für beide passte. In diesem Moment, für ihn aus heiterem Himmel, äffte sie Bob nach. Er war fassungslos, das hatte noch keine seiner letzten Beziehungen fertiggebracht. Auch kannte er dieses Verhalten nur von Kindern und Jugendlichen oder wenn ein Kollege jemand anderes nachmachte. Es war aber im Rahmen von Beziehungskonflikten gänzlich unbrauchbar, denn der andere fühlt*

sich total herabgewürdigt. Sofort griff Bob das auf und meinte, ich wollte doch nur ernsthaft und wegen einer Lösung mit dir reden. Wir wollen doch wieder zusammenfinden, ich liebe dich, fügte er sichtlich verzweifelt an. Aber wenn du mich nicht ernst nimmst, dich sogar über mich lustig machst und mich verächtlich nachmachst, dann entziehst du uns die Grundlage zur Kommunikation bzw. Konfliktbeilegung. Tinkerbell war komplett uneinsichtig. Für ihn entstand der Eindruck, sie sei gerade etwas paranoid. Als hätte jemand das Burgtor geschlossen, so fühlte es sich an. Traurigkeit und Hilflosigkeit machten sich in ihm breit. Wie willst du mit jemanden diskutieren, der dich nicht ernst nimmt? Das hat auch etwas zutiefst Beleidigendes, wenn dich dein Partner so übel spiegelt. Zumal er doch versucht hatte ganz behutsam mit ihr zu diskutieren, denn ...«

»Das war volle Absicht von ihr«, fiel ihm hier Vergil ins Wort, *»sie fühlte sich in die Ecke gedrängt, ertappt oder irgendwie unterlegen und dann holst du dieses letzte Mittel der Beleidigung heraus. Ganz am Ende einer meist sachlich begonnen Dialektik kann die absichtliche Verletzung oder sogar Handgreiflichkeiten stehen.«*

»Sicherlich liegst du da richtig«, sagte Dr. Sokrates, *»auf alle Fälle wird in ihr etwas angetriggert. Ein Volltreffer wie bei dem alten Computerspiel Phönix. Wahrscheinlich hatte Sie wirklich die schlechteren Argumente und es wäre an der Zeit gewesen, sich zu entschuldigen oder einzulenken, aber sie machte was ganz anderes daraus. Sie hatte einen Plan wie immer, und es wird ja noch besser. Hans, lass mich weiter erzählen.«*

»Sofort, mich hat noch keine abfällig nachgemacht«, redete Hans schnell rein, *»aber beleidigt wurde ich auch schon übelst. Mich stört das nicht so. Ich ziehe mich dann zurück.“* Er lacht.

Hans macht mit dem Zeigefinger eine Bewegung, dass er fertig ist, in Richtung Doktor.

»Sie war nicht mehr zu drehen, ein kalter verwitterter Stein in der Mauer und Bob ziemlich getroffen, ratlos und verzweifelt. Den Vorfall versuchte er zu deuten, einzuordnen, aber es gelang ihm nicht richtig. Wie erwähnt, das hatte er zuletzt im Kinderhort erlebt. Wieso war sie so gekränkt und dann diese schreckliche alles auslöschende Reaktion? Wie ein verbranntes Feld war ihre Partnerschaft augenblicklich. Es war eine kleine Meinungsverschiedenheit. Eigentlich nichts besonderes. Gerade im Urlaub total normal. So was passiert einfach und ständig.«

»Eigentlich«, flatterte jetzt Vergil dazwischen, *»war das gut gelöst von ihm. Raus, weg, mal Beziehungspause machen und mit frischem Elan zurückkommen und die Meinungsverschiedenheit angehen oder gemeinsam klären und schwamm drüber.«*

»Vergil, es läuft bei solchen Streits immer auf das gleiche heraus. Was wäre eine vernünftige und reife Reaktion? Bob wusste gar nicht so recht, was er wieder falsch gemacht hatte. Kein ordinäres Wort hatte seinen Mund verlassen und geschrien hatte er auch nicht, das war nicht sein Art. Oft traf er den Nerv oder die offene Wunde bei Personen, konnte sich aber auch entschuldigen. Klar tut es manchmal weh oder zeugt es von Größe, wenn man seine Fehler einsieht. Das ist eine Kunst und nicht leicht.

Aber sie beide liebten sich doch und wollten zusammenbleiben. Zusammen alt werden, in Würde, das war sein Ziel. Sie wollte die Radreise machen und jetzt war sie total sauer und er konnte es sich nicht wirklich erklären. Die Stimmung besserte sich nicht und sie strafte ihn mit Schweigen. Wollte sie ihn weit weg kicken, wie beim Abstoß? Beide waren sie nun still. Bob wusste nicht, was er sagen sollte, denn er hatte die Befürchtung, sie würde ihn wieder aufziehen. Sein Pulver war verschossen. Am nächsten Tag reiste sie ab, das heißt, sie fuhr zurück und er blieb weiter auf dem Trip. Tinkerbells letzte Blicke waren voller Vorwürfe. Von ihrer Seite kamen keine Worte des Verzeihens, nur böse Augen und überhaupt war sie wie ein Stück kalter Steinboden im Kreuzgang. Sie war zu einer anderen Frau mutiert. Am liebsten hätte Bob sie sofort in den Arm genommen, war sie doch seine Prinzessin, aber das ließ sie nicht zu. Es kommt zum **discard**.«

Hans offenbarte: »*Das gibt es oft, dass Paare im Urlaub streiten. Aber dass einer abreist, das habe ich nur selten gehört. Mir fällt noch ein, dass der Bogengang und das ganze Benediktinerkloster dort schon oft als Filmkulisse diente, weil es so topp ist. Ich glaube, ich will da auch mal rein jetzt, auch wegen der Story von dir. Will an den Schauplatz des Dramas. Wer geht mit?*«

»*Am besten*«, hakte Vergil nach, »*bleibst du für ein paar Tage dort und hilfst, wirst ein Hilfsmönch. Das ist dort möglich. Ora et labora gilt dann für dich. Ich habe das schon mal eine Woche gemacht.*

»*Bin dabei*«, antwortete Doktor Sokrates. »*Ist wirklich sehenswert. Bei Tinkerbell hat es für mich den Anschein, dass jemand über Gebühr gekränkt ist und austeilen will, denn wenn ich mit meinem Partner zufrieden bin und gerade auf einem roadtrip, dann versuche ich doch das Gesprächsangebot zu nutzen. Es ist das ideal, wenn zumindest einer klärend reden will. In der Partnerschaft sollte immer eine Seite deeskalierend agieren. Es klingt kontraproduktiv, wenn eine Partei sachlich bleibt und die andere beleidigt. Die Gruppe der Frauen ist ja temperamentvoller und auch emotionaler, wegen der Spiegelneuronen. Das ist alles total normal und soll auch so sein. Die Polarität zwischen den Geschlechtern macht die Anziehung aus, also den Eros. Je größer der Gap bzw. Unterschied desto stärker die Anziehung. Wie bei Magneten. Aber grantig sein und denunzieren macht keinen Sinn in einer Diskussion zwischen Liebenden. Schon Schopenhauer sagte, das ist das letzte Stilmittel, um nicht als Verlierer vom Platz zu gehen. Für mich klingt das eben so, als hätte jemand seine Bauchgefühle nicht im Griff. Das nachgelagerte Schweigen bezeichnen wir als* **silent treatment**, *es ist eine Manipulationsstrategie von Narzissten. Sie wissen genau, dass der andere irgendwann kommt und sich entschuldigt. So gut wusste sie schon über sein Innerstes bescheid. Solche Personen sind wahre Meister im Lesen deiner Psyche.«*

»Konntest du dir darauf einen Reim machen?«, fragt Vergil interessiert. *»Also konntest du die Situation aufdröseln, Dok? Was hat sie gehabt?«*

»Es ist so, das will ich vorausschicken. Der Bob kommt schon eine Weile zu mir und neulich, also kurz vor der Trennung, da war auch mal seine Frau mit. Es gab halt mal wieder Stress und ich bot an, eine Paarstunde zu machen. Sie redete viel und war sehr eloquent. In einer Sit-

zung kannst du nicht viel machen, aber wir klärten, dass sie nicht immer auf off gehen darf. Das sah sie damals auch ein. Das Zurückziehen ist für eine Beziehung nichts. Das ist wie Radfahren ohne Kette oder Fallschirmspringen ohne Schirm. Das geht nicht. Du musst dich produktiv mit dem anderen auseinandersetzen. Willst du eine erfüllte Partnerschaft, dann musst du die Todsünden (Beziehungskiller) und apokalyptischen Reiter unterlassen. Ihr kennt das ja, am besten Ich-Sätze formulieren und konstruktiv bleiben. Ist es echte Liebe, dann ist doch klar, was zu tun ist! Aber bleiben wir bei ihrem Verhalten im Paradiesgarten, ähh, Kloster. Ihr habt doch mit Sicherheit schon von Borderline gehört. Das sind nicht nur Leute die sich ritzen und schneiden. Die Verletzung kann auch durch Drogen oder Alkohol kommen. Suchtmittelmissbrauch wird in den amerikanischen DSM-Kriterien noch angeführt. Es ist damit generell ein selbstschädigendes Verhalten gemeint. Was hier aber auch noch reinspielt, ist wohl eine ultrastarke Kränkung. Tinkerbell fühlte sich durch irgendwas sehr stark getriggert, das innere Kind reagierte dann mit dieser außergewöhnlichen Reaktion. Das hat aber mit dem Partner manchmal nichts zu tun. Was sie aber daraus macht, ist ***Sabotage****. Ein Fall von Schuldumkehr oder* ***blame shifting****. Du hast mich verletzt, jetzt sieh zu, wie du den Karren wieder aus dem Dreck ziehst. Zunächst einmal sind es ihre Gefühle. Sie entstehen im Bauch. Leider findet keine Prüfung im Kopf oder eine vernünftige Entscheidung mit dem Herzen statt. Sie rutscht in dieses* ***off*** *hinein, möglicherweise auch bewusst. So kann man das aber nicht machen. Es ist nicht vernünftig. Eventuell war auch ihr Selbstwert* *dadurch angeknackst, weil sie merkte, sie schafft die Tour nicht, und sachlich konnte sie nicht bestehen, deshalb wurde sie persönlich. Aber das hätte sie in einer normalen Beziehung bzw. mit einem gut angelegten* ***ICH*** *(Persönlichkeit, Temperament plus Charakter) sagen können und dann hätten beide versucht eine Lösung zu finden. Das Borderline-Phänomen kann Personen dazu veranlassen, ein aufkommendes Bauchgefühl ohne Rücksicht auf Verluste auszuleben. Also das bekannte Bauch-, Kopf- und Herz-Modell wird ausgeschaltet. Ganz dramatisch war das bei Kachelmann oder dem Realschullehrer zu sehen. Beide wurden von Frauen beschuldigt, etwas Widerwärtiges, zutiefst Demütigendes getan zu haben. Später stellte sich dann heraus, dass die »Gefühls-Hexen« u.a. am Borderline-Syndrom erkrankt waren. Zu mir wollte Tinkerbell erst kommen, dann wieder nicht. Bob musste sie überreden. Sie kam dann nur mit der Aussage, dein Therapeut steht ja eh auf deiner Seite. Das ist eine Abwertung meiner Person und fachlichen Kompetenz. Es geht doch aber nicht um gewinnen, sondern um Lösungen. Das machen solche Personen aber oft. Sie wollte vorbauen. Wichtig wäre gewesen, dass sie sich für ihr Verhalten im Klostergarten entschuldigt und dass es nicht mehr vorkommt. Diese Nummer war auch eine Chance, denn genau dort, wo du gepusht wirst, wartet Arbeit auf dich.«*

»Klack, klack, ping ...«

»Sch...«, ruft Hans aus, denn ihm ist seine Gabel vom Tisch gerutscht. Boho kommt sofort angerannt und bringt ihm eine neue und strahlte ihn dabei an. Ich glaube, Hans

dachte jetzt, das war ein Liebesbeweis wie in dieser Burgerwerbung von der goldenen Möwe.

»Liebe ist ein Handel, wo beide Parteien gewinnen.«
(Georg Christoph Lichtenberg 1742 - 1799)

DER ERSTE DISCARD

Dr. Sokrates versuchte ein ruhiges Leben zu führen, als Ausgleich für seine aufwühlende Arbeit. Er teilte sich die Praxis mit seiner Ehefrau. Wohl aufgrund seines Studiums und der vielen Couchgespräche wusste er, worauf es im Leben nicht ankam. Die sieben Todsünden, meinte er immer, geben einen ersten Hinweis.

»Ich habe aber, glaube ich, schon mal gehört«, warf Vergil ein, *»dass die meisten nicht nur an einer Sache erkranken. Also nur Borderline gibt es selten, will ich damit sagen.«*

»Das stimmt«, antwortete der Paartherapeut, *»hauptsächlich ist bei den Borderlinern Komorbidität mit Narzissmus und Histrionik bekannt, ich sage dazu immer Grenzläufer, sie kennen nur Tag oder Nacht. Eben war der Partner noch toll und sie wollten heiraten, plötzlich wird er abgewertet und ist ein Aussätziger, wie früher bei den Leprapatienten.*

Der Erkrankte glaubt tatsächlich an beides – er weiß es nur meistens nicht. Alle Gefühle, die er spürt, fühlen sich echt an. BPS´ler leiden an extremen Stimmungsschwankungen, in den Beziehungen zu Menschen sind sie sehr instabil. Sie fühlen sich leer und haben ständig Angst, verlassen zu werden, manchmal ist es auch nur pure Einbildung. Ständig verlangen solche Personen nach Liebesbeweisen. Permanent sind sie in diesem Gefühlskarussell gefangen. BPS´ler sind leidenschaftlich, aber sobald der Partner einen winzigen Fehltritt macht, schlägt das Pendel womöglich in die andere Richtung um. Es gibt das Gute und das Böse, schwarz oder weiß, Liebe oder Hass. Dazwischen nichts. Oftmals verletzen sich Borderliner, um etwas zu spüren bzw. Stress abzubauen und so wird die Umwelt auf sie aufmerksam. Viele trinken zur Kompensation aber auch Alkohol oder nehmen Drogen. Belassen wir es dabei. Das geht zu sehr ins Detail. Nur so viel noch, bei 80 Prozent der Borderliner liegen die Ursachen in katastrophalen elterlichen Zuständen in der Jugend, z.B Schlagen, Trinken und Anschreien durch die Erziehungsberechtigten. Man könnte auch sagen zerrüttete Verhältnisse. Ihr solltet generell aufhorchen, wenn gezeigtes Verhalten nicht mit der Realität oder dem Gesagten übereinstimmt. In unserem Fall könnte das bedeuten, niemand opfert eine gute Beziehung wegen Knieproblemen oder einer kleinen Meinungsverschiedenheit und riskiert einen großen Eklat.«

»Das klingt alles so negativ, ich glaube, davon möchte ich gar nicht soviel wissen«, sagte Hans etwas deprimiert. *»Sag lieber, wie es mit den beiden weiterging.«*

Mit lautem Tatütata rauschte ein gelber Krankenwagen vom ASB vorbei.

»Diese Jungs, die hier auf dem Bock sitzen und mit Sondersignal zu Einsätzen fahren«, dachte unser gefiederter Erzähler, *»haben auch einen super stressigen Job. Wie kann man das jahrelang aushalten? Auch immer dieses Leid und Elend zu sehen. Ich bin denen schon oft hinterher geflogen und habe mir das ganze Drama angesehen, schrecklich und toll, dass es die gibt. Eine Gesellschaft lebt von ihren stillen Helden.«*

»Wenn ihr jetzt glaubt, das war's ...«, redete der Doktor weiter, *»Pack schlägt sich und Pack verträgt sich, dann liegt ihr falsch, denn der Oberhammer kommt erst noch. Während der Radtour schrieben sich beide belanglose Nachrichten, wobei Bob gleich am ersten Abend wieder den Kontakt suchte. Er überlegte sich, will ich eine längerfristige Beziehung mit ihr oder nicht. Und dann, folgerte er, kann ich so nicht agieren. Ich muss raus aus dieser Teufelsspirale der gegenseitigen Kränkungen und Verletzungen. Er nahm sich vor, von nun an ruhiger und besonnener zu taktieren. Das Nachäffen löschte er. Tat es als Augenblicksversagen ab. Laut werden wollte Bob nicht mehr und Emotionen zunächst mit dem Kopf bzw. Verstand bewerten. Man kann auch protokollieren, er wollte von nun an über den eigenen Tellerrand hinaus blicken und sein großes Ziel, mit dieser Frau trotz Unstimmigkeiten eine verbindliche Beziehung zu führen, nicht mehr aus den Augen lassen. In Zukunft wollte er mehr schlucken, sollte Sie doch Ausrasten er wollte friedfertig und geduldig bleiben. Irgendwann musste Sie es doch erkennen.«*

»Hallo Boho«, rief Vergil der Bedienung hinterher, *»bringen Sie mir bitte noch etwas von dem Körner-Baguette.«*

Wie immer stand es innerhalb der nächsten paar Sekunden auf dem Tisch und er bedankte sich höflich. Sie war wirklich sehr aufmerksam und schnell. Man wusste gar nicht, wie sie das so zügig schaffte. Es musste mit Einsteins Relativitätstheorie zu tun haben. Also damit, dass Zeit in verschiedenen Bezugssystemen, hier Tisch, dort Bar oder Küche, nicht gleich vergeht. Oder war sie einfach nur quick? Das machte sich bei ihr hundertprozentig beim Trinkgeld und durch neue Yoga-Schüler bemerkbar.

»*Das nennt man sich verbiegen und klein machen.*« Hans war ganz ungeduldig, er liebte Skandale und Klatsch. Wann immer es irgendwo einen Rosenkrieg in seinem Umfeld gab, war er zur Stelle. Gerade neulich schickte ihm ein guter langjähriger Kumpel per Handy ein Video in dem er seinen Selbstmord ankündigte. Lassen Sie uns den Typen Mr. Trumpf nennen. Das war total irre, finde ich. Seine Lebensgefährtin hatte ihn verlassen und deshalb wollte Trumpf sich umbringen. Er zeigte in dem Kurzfilm, wie er eine Handvoll Tabletten aß. Außerdem gab es gleich noch ein gesprochenes Testament mit dazu. Als bester Fan bekam Hans den AMG getunten Pkw zugesprochen. Die Message kam damals nicht völlig unverhofft, denn er wusste um die Paarprobleme der beiden. Sie hatten ein unstetes Leben. Der Kamerad hurte nur so rum, dass es krachte, und war eigentlich nur arbeiten oder in Rotlicht-Clubs unterwegs. Ansonsten gab es nichts in seinem Leben. Sein Äußeres bestand aus konsumieren und prahlen. Trumpf besaß ein sündhaft teures Auto, einen roten Maserati, das er durch einen zusätzlichen Nebenjob abbezahlte, und legte absoluten Wert auf Luxus und das Präsentieren desselben. Selbst Hans wusste, das ist ein Mann ohne echte Werte und Tiefe. Mr. Trumpf diente nur dem Mammon. Abenteuer erlebte der Typ nur mit seinen vielen Affären. Ansonsten war da eine große Leere. Seine Ehefrau wurde ständig betrogen. Da er öfters beruflich zu verwitweten Damen musste, Trumpf war Bestatter, vögelte er diese auch noch unter dem Schock des Erlebten. Mit ihm war es total witzig, aber seine Storys machten einen auch sprachlos, denn es war jedem klar, das ist ein Ich-Bezogener in Reinkultur. Keine Ideale, ultraleicht kränkbar, ständig gereizt, und immer auf der Suche nach Frischfleisch, Trumpfi hatte mind. immer 10 Hasen gleichzeitig am Start. War total überzeugt von seinem superior-Status und dass er grandios war. Es stank übelst nach Narzissmus und Borderline. Außerdem war Trumpf noch Eitel und empathielos. Die Hauptfreundin war eigentlich nur dazu, da ihm zu huldigen und als sicherer Hafen in der Not. Die hat sich als Co-Baby ausbeuten lassen. Sie tat allen leid. Wenn schlechtes Verhalten bzw. Schläge auf deine Seele Nestwärme erzeugen, dann stimmt etwas gewaltig, auch mit dir, nicht. Naja, auf alle Fälle fuhr der Hans damals da hin. Er machte sich natürlich Sorgen. Die Partnerin hatte auch die Nachricht erhalten, konnte aber wegen der drei Kinder nicht mit, denn der Typ wohnte in einer anderen Großstadt. Selbst für mich war es damals ein recht weiter Flug. Tatsächlich hatte der die Tabletten genommen. Mr. Trumpf wurde zum Glück, denn er war betäubt, in der Nähe der Trifels Burg gefunden. Vielleicht wollte er im Delirium den ober Narzissten Richard Löwenherz befreien. Danach kam er für viele Jahre, in die geschlossene Abteilung. Seine arme Partnerin, die natürlich für ihr Handeln selbst verantwortlich ist, sagte damals ihre Psychologin hätte schon gesagt, dass er ein Narzisst ist. Sie kommt aber nicht von ihm los. Wahrscheinlich war Trumpfi auch Borderliner, dazu passt dieser erpresserische Suizidversuch. Es war sehr traurig, das alles mit anzusehen und die Kinder taten mir am meisten leid. Was sind das für Vorbilder? Wie wenig Selbstwert muss man haben, um mit so jemandem zusammenzubleiben? Jetzt will der Hans das gleiche nochmal erzählen. Seufz ... und sorry.

»Ich muss euch später auch noch eine total irre Story erzählen. Letztes Wochenende habe ich jemanden das Leben gerettet. Es war wirklich knapp. War ein guter Freund, der sich aus Liebeskummer umbringen wollte. Ihr kennt ihn, es ist der mit dem geilen Maserati Grandiosità.«

»Meinst du Trumpfi«, fragte Vergil.

»Ja, korrekt Vergil«, antwortete Hans, *»Ich muss aber gleich sagen, dass Trumpf an allem selbst schuld ist. Die Frau wollte sich eigentlich gar nicht trennen. Der hat das total falsch aufgefasst. Bei ihm geht es nur um Fremdgehen und Luxuskram. Er kennt sonst nichts. Nach der Arbeit geht Trumpf ins Fitnessstudio, manchmal drei mal am Tag, weil er nichts mit sich anzufangen weiß. Ansonsten will Trumpf nur noch bumsen. Aber seine vielen Bekanntschaften haben nicht immer Zeit, denn die meisten stecken in Beziehungen, da geht er in Swinger Clubs und so. Trumpf schafft es jeder Frau innerhalb von Minuten ihre sexuellen Vorlieben zu entlocken. Vielleicht sollte ich euch diese heiße und verrückte Geschichte das nächste Mal ausführlicher erzählen. Also jetzt rede erstmal weiter, weiser Sokrates.«*

Dr. Sokrates kaute gerade. Mit seiner Serviette wischte er sich hastig über den Mund und machte so eine Bewegung mit dem Kopf, die meint, es geht gleich weiter. Vom Boden war dieses: *»Ruh-Ruh-Ruh...«* zu hören.

»Klingt echt spannend«, sagte Vergil, *»da will ich unbedingt mehr drüber hören. Suizid per Handy, krass, und dann an alle Bekannten senden. Er lacht!«*

»Trumpf hätte noch schnell eine WhatsApp-Abschiedsgruppe gründen sollen«, erklärte Doktor Sokrates. *»Ich mache bei unseren Turteltauben weiter, denn das wird auch noch beinhart. Nach etwa sieben Tagen radeln kommt Bob wieder zu Hause an. Super anstrengend war es und ihm wurde auf der Tour klar, dass Tinkerbell das nie geschafft hätte. Unterwegs waren immer wieder ältere Leute zu sehen gewesen, die ihre Räder die Hügel hochschoben. Sie hatte sich hier wohl ebenfalls überschätzt. Aber jetzt freute er sich sooo auf seine Prinzessin. Er wollte sie gleich in den Arm nehmen und alles in einer wunderbaren Orgie vergessen und zurecht stoßen. Wie er die Türe zum gemeinsamen Heim aufschließt ist es still, sehr still. Er ruft ihren Namen und sucht sie im Haus. Es ist aber niemand da. Bob ist verzweifelt und glaubt, dass sie nur kurz weg ist. Doch im weiteren Verlauf muss er* erkennen, *dass sie ausgezogen ist. Tinkerbell meinte zu ihm, alleine hätte sie sich nicht wohl gefühlt und wäre deshalb zu einer guten Freundin gezogen.«*

»Hahahahaaa …«, lachte Hans laut. *»das glaube ich nie im Leben. Die hat noch einen anderen oder ist irre. Auf alle Fälle wollte sie ihm eins auswischen. Bob arbeitet an der Partnerschaft und sie dagegen und der Depp blickt das nicht.«*

Hans wirft der Taube, die immer noch um den Tisch schwänzelt, ein Stück Panade hin. Gierig nimmt sie es in den Schnabel. Der Spatz ist mittlerweile weg. Es dauerte ihm wohl zu lange oder er ist ungeduldig?

Vergil isst am langsamsten von allen und hält kurz inne. Dann kommt es traurig aus ihm heraus: *»Ich hatte ja mal einen Freund, mit dem ich schon mehrere Jahre be-*

freundet war und gerade, als wir uns beide mit einem Geschäft gemeinsam selbstständig gemacht hatten, kam der große Knall. Wir hatten uns zusammen für diesen Töpferladen aufgeopfert und uns verschuldet und kaum hatten wir eröffnet, da sagte er mir damals, dass er sich trennen will, denn es gibt jemand anderen. Ihr wisst, wie mich das herunterzog. Es kam für mich aus heiterem Himmel und nichts war mehr so wie vorher. Das Geschäft mussten wir mit großem Verlust auflösen, die ganze Einrichtung und Möbel konnten wir nur zu einem Bruchteil loswerden. Plötzlich war mein Leben ein Scherbenhaufen. Meine Existenz und die Partnerschaft waren dahin. Wir haben uns dann auch noch zerstritten. Immer noch blicke ich da fassungslos drauf zurück. Seither habe ich gelernt, dass ich mein Business alleine durchziehe. Gerne darf der Freund helfen. Aber ich bin Eigentümer, ich schreibe Alleine an der Aeneis (Langes griechisches Epos). Das meint, das Fundament bin ich. Es sollte nicht so sein, dass der Partner dein Lebensrad mit dreht. Er ist ein Geschenk, quasi das Sahnehäubchen auf dein schon erfülltes und gesundes Leben. Er ist nicht dafür da, deine Probleme zu lösen. Egal, welcher Art, ob Liebe, Geld, Sex, Bewunderung, Essen, Haushalt usw. Ok, beim Sex bin ich kompromissbereit", lachte er.«

Vergil war sehr ergriffen, als er diese Botschaft erzählte. Hans und Dr. Sokrates spürten Anteilnahme mit ihrem lieben Kumpel. Vergil war ein ganz sympathischer. Er lebte bescheiden, war Minimalist und Veganer. Am ehesten könnte man sagen, er war eine kleine Ausgabe des Dalai Lama. Immer strahlte er diese Zufriedenheit aus, nur gerade eben bemerkten sie, dass dies ein wunder Punkt an seiner Seele war. Damals zerbrach er fast an diesem Schicksalsschlag. Alle schauten jetzt betreten zur Seite oder beobachteten die Taube. Der Spatz war wieder da und saß mittlerweile auf einem Dach.

Unser Paartherapeut fing sich am ehesten wieder. »*Bob war am Boden zerstört, wie du Vergil damals*«, fuhr er fort. »*Für ihn war das eine kleine Meinungsverschiedenheit im Sinne eines gesunden Dualismus und nichts, was man weiter aufblasen sollte. Er musste realisieren, sie war ausgezogen und hatte es ihm nicht gesagt. Wie sollte er das auffassen? War das eine Trennung, ein Arschtritt ohne Ansage? Er konnte sich keinen Reim darauf machen. Auf Nachfrage wollte sie sich auch nicht treffen und ihre Nachrichten waren voller Vorwürfe. Aber wenigstens schrieb sie ihm, das musste ja eine Bedeutung haben. Er hätte sich unmöglich verhalten, erklärte sie. Bob wusste nur, dass er sie liebte, von ganzem Herzen, und es tat ihm leid, dass er sie so verletzt hatte. Zurück wollte er sie und warb in der Folge um sie, kam sich aber eher wie ein Hündchen vor und nicht wie ein 190 cm großer athletischer Krieger, der sich seiner Männlichkeit bewusst ist und diese auch lebt. Das Drama ging tagelang, sogar wochenlang. Tinkerbell hatte nur Schuldzuweisungen und Demütigungen für ihn. Ab und zu beleidigte sie ihn direkt und betitelte ihn als gestörten oder minderbemittelten Typ. Das war aber selten. Die meisten Anklagen und Beschuldigungen waren subtiler, viel feiner, und für einen unaufmerksamen vor Liebessucht triefenden blinden Mann bzw. Stierkämpfer, fast nicht wahrnehmbar. Oft dachte er, die hat plötzlich so eine schlechte Meinung von mir, da würde ich an ihrer Stelle abhauen. So einen Kerl wollte ich nicht zurück, denn sie sagte er wäre verrückt und empathielos, von oben herab usw.*

Der Partner macht dich so schlecht, dass du ein Ohnmachtsgefühl bekommst. Es war keine Rede mehr davon, dass sie ihn nachgeäfft hatte. Zu dieser Sache äußerte sie sich nicht und er verdrängte es endgültig. Wollte es nicht bewerten. Bob verstand, er hatte sie verletzt, gekränkt und das war alles ganz alleine seine Schuld. Wie immer man es dreht und wendet, er musste einfach besser aufpassen in Zukunft. Hatte es auszulöffeln und das tat er auch. Sie liebte ihn abgöttisch, denn sie hatte ihre Familie für ihn verlassen, das betonte sie immer wieder vor ihm und allen anderen. Das musste er jetzt einsehen und so eine starke Frau, die so eine Tat vollbrachte, die musste ihn aufrichtig und von ganzem Herzen lieben. Es gab fast keinen Zweifel. Das war ihm jetzt klar, sie hatte es ihm nochmal ganz deutlich erklärt, und er wollte es wieder gutmachen und bettelte um eine weitere Chance. Sie hielt ihn weiter auf Distanz, tadelte ihn und zeigte ihm die kalte Schulter. Tinkerbell war nun wie ein kühles blondes Bier für einen Abhängigen. Er brauchte sie. Er wollte es. Sie war seine neue Droge. Er wollte eine zweite Chance.«

Vergil und Hans schwiegen betroffen. Ihre Mienen zeigten überdeutlich, dass ihnen klar war, dass Bob das nicht gut machte. So ein Verhalten wird sich rächen, denn man hat die Pflicht, seine Seele zu schützen.

»Alles, worauf die Liebe wartet, ist die Gelegenheit.«
(Miguel de Cervantes 1547 - 1616)

ALL IN!

Dr. Sokrates suchte verzweifelt die sympathische Kellnerin, konnte Sie aber grade nirgends entdecken. Nach kurzem Suchen flitzte sie mit einem Tablett voller Getränke vorbei. *»Hallo, Boho, wir würden gerne noch was bestellen, wenn Sie Zeit haben.«*

»Bin gleich da«, erwiderte sie höflich. *»So Jungs, was gibt's?«*, fragte Sie provokant.

»M*achen Sie mir noch einen Monaco bitte!«*, erwiderte unser Therapeut.

»Und ich hätte gerne einen Kaffee!«, schob Hans hinterher.

Vergil bewegte seinen Kopf ablehnend. Er wollte nichts.

»Sehr gerne«, bejahte sie heiter und rauschte gleich wieder ab an die Bar. Ihre langen Beine bewegten sich grazil und bei jedem Schritt zeichnete sich an ihrem Hintern ein runder fester Muskel ab. Es war ein göttlicher Anblick. So perfekt. Die drei Jungs waren abgelenkt und euphorisiert.

Hier stellt sich die Frage, sehr verehrte Leserin und sehr verehrter Leser: Warum sind Männer so von ihren Trieben gesteuert? Das auszunutzen wäre einfach, gemein, unanständig und schlau? Und warum dreht sich im Leben alles um SEX und Tatort? Ok, für manche gibt es auch nur Fußball.

»So, nun wird schon langsam klar«, redete der Doktor weiter, *»was zwischen den beiden abgeht. Einer spielt hier mit gezinkten Karten und der andere will es nicht sehen, verlässt aber auch den Pokertisch nicht, sondern er-*

*höht munter weiter und wundert sich, warum er nun sukzessive alles verliert. Seinen Selbstwert, seine Selbstliebe, seine Selbstachtung, seine Persönlichkeit (***personality shift***), sein Kapital, seinen Job, seine Gesundheit, seine Freunde, seinen Glauben usw. Ein toxischer Teufelskreis und Missbrauchskreislauf, an dessen Ende nur die Finsternis wartet. Ich weiß, das klingt sehr düster, ich kenne aber solche Fälle und da ist der Ausgang wirklich dramatisch und katastrophal. Manche Co´s beenden aus Trauer ihr Leben. Schade!«*

»*Es ist erwiesen*«, dachte Dr. Sokrates laut, »*dass vergiftete Beziehungen krank machen können. Schon manch ein Narzisst hat sein Opfer in den Tod getrieben. Mit der Zeit werden die Opfer immer schwächer, apathisch und es kann in einem psychischen und physischen Zusammenbruch enden. Trotzdem werden die gestörten Partner nicht aufhören auf euch rumzutrampeln. Aber ganz so weit sind wir hier noch nicht. Es gibt noch Hoffnung.«*

Der rötlich schimmernde Monaco stand nun vor Dr. Sokrates. Oben auf war eine schöne weiße Blume und an den Seiten lief Bierschaum hinunter und wurde vom bunten Tropfendeckchen aufgefangen. Die Gravitation des Erdmittelpunktes zog Bruchstücke der am Tulpenrand abgebrochenen Schaumkrone am Glas nach unten, irgendwie erinnerte es an Wellen, die am Strand brechen und Myriaden von Luftbläschen dabei einschließen, die dann gurgelnd und tosend voller Protest wieder an die Oberfläche wollen.

Der Paartherapeut war noch ergriffen von seiner letzten Rede. Viele seiner Fälle gingen ihm an die Nieren. Bestimmt bräuchte er selbst mal eine Therapie. Dafür nahm er jetzt einen kräftigen Schluck zum Vergessen.

Hans schüttete einen ganzen Zuckerstick in seine Tasse, dann noch einen zweiten und rührte um. Sodann futterte er seinen Keks, welcher obligatorisch auf der Untertasse lag. Alle zwei hatten längst aufgegessen, nur Vergil aß immer noch genüsslich an seiner Bowl. Er war meistens der langsamste, das hatte etwas mit seiner Achtsamkeit zu tun, denn er war bemüht, alles aufmerksam und der Reihe nach zu erledigen. Wahrscheinlich kaute er auch die vorgeschriebenen 30 mal. Multitasking gab es bei ihm als eigengeschlechtlichen spirituellen Philosophen nicht.

Vergil bemerkte, dass ihn alle beobachteten und die Stimmung etwas im Keller war. Deshalb nahm er sich vor, die traurige Atmosphäre zu durchbrechen. Zumindest konnte er es versuchen. *»Ich lernte mal einen Typen im Kloster kennen. Damals ging ich für eine Kontemplationsphase auf den Kirchberg. Da war so ein schicker Gärtner. Er hatte hellblonde längere Haare und die Sonne fiel durch seine Locken. Wir kamen uns näher, waren uns auf Anhieb sympathisch und wurden ein Paar. Die Chemie passte wunderbar. Gleich zu Anfang warnte er mich, dass er an starken Depressionen leidet. Ich dachte, ich kann damit umgehen, aber es war wirklich sehr schlimm. Es konnte sein, dass er 14 Tage auf dem Sofa lag und kein Wort ihn verließ. Diese Phasen kamen aus heiterem Himmel. Nach einem halben Jahr musste ich die Beziehung beenden, denn ich hielt es nicht mehr aus. Es tat mir sehr leid, gerade weil er das zu Beginn so ehrlich erwähnte und er wirklich jemanden gebraucht hätte, der ihn hier besser aufnehmen kann.«* Vergil wirkte nachdenklich, wie er das erzählte. Er schien so, dass er sich noch immer Vorwürfe machte. Der Versuch, die Stimmung anzuheben, war gescheitert. Aber immerhin waren die anderen jetzt abgelenkt.

»Du wirst dein Möglichstes getan haben«, erwiderte der Therapeut und fügte streng hinzu: *»Psychische Erkrankungen sind auch gravierend für den anderen Partner und du hast es halt probiert. So what?! Du bist nicht der Therapeut deines Freundes.«*

Nach einem erneuten Schluck fuhr der Doktor mit der eigentlichen Couchstory fort. *»Bob war auf alle Fälle jetzt ein wunderbarer Komplementärnarzisst bzw. Co-Abhängiger geworden. Noch musste er etwas betteln und ihr alles Mögliche versprechen, dann kam sie aber letztlich zurück. Zumindest kündigte sie für einen bestimmten Abend ihre Rückkehr an. Bob kochte und hatte ein Candle light Dinner vorbereitet. Im großen Wohn- und Essbereich hatte er alles angerichtet. Er war frisch gepflegt, das Feuer brannte im Stahlofen und es flackerten viele Kerzen. Auf ihrem Teller hatte er ein großes Herz gebastelt. Eine wunderbar romantische Atmosphäre, an diesem lauen Sommerabend. Einzig und alleine seine Angetraute kam nicht wie avisiert. Er konnte sie auch nicht erreichen. Die Textnachrichten blieben ab einem bestimmten Moment unbeantwortet. Ich würde das als eine besonders grausame Form von* **Mosting** *bezeichnen. Am nächsten Tag kam endlich ein Lebenszeichen. Tinkerbell entschuldigte ihr Ausbleiben damit, dass sie gestern so müde gewesen und eingeschlafen sei. Bob verstand das nicht. Aber nach diesem erneuten Fauxpas war sie wieder* *back, kam dann halt erst am späten Vormittag und er war der glücklichste Mensch der Welt.«*

»Nie und nimmer stimmt diese Geschichte«, sagte Hans und lachte! *»Die war schläfrig?«* Er brüllte vor lachen und redete weiter: *»Dann hätte ich bei Bob im Arm geschlafen, nachdem er mich so richtig durchgeknallt hat. Wenn ich mich doch versöhne, dann komme ich sofort zurück. Liebe ist das nicht. Das kann ich nicht glauben. Die war bei einem anderen in dieser Nacht und auch die Tage davor. In einer Zeitschrift habe ich gelesen, dass Narzissten häufig mehrere Affären haben. Die wären sogar besonders gut im managen der vielen Seitensprünge. Das wäre bei denen ein Talent, wurde dort geschrieben. Ein verdammter Scheiss ist das und kein Talent.«*

Doktor Sokrates musste jetzt auch laut lachen und nickte zustimmend.

»Das sind keine echten Gefühle«, haute Vergil drauf, *»von tiefer Liebe. Es gab doch eine Wiedergutmachung und einen Termin. Der arme Kerl wartet zu Hause, dass sie zum Essen kommt. Hat alles vorbereitet. Das ist sehr demütigend. Da brauchst du viel Liebe, um das auszuhalten und zu verzeihen. Aber ich bin mir sicher, Tinkerbell ist nicht mit ihrer Seele dabei. Das ist* ***Gaslighting****, eine der wenigen Sachen, die ich weiß. Das stammt aus den alten Hitchcock Filmen. Tinkerbell zündet Nebelkerzen und will auch sehen, wie weit sie gehen kann. Sie ist ein Tiefenmesser und lotet die Grenzen aus. Wie tief kann sie Bob erniedrigen? Sie weiß, dass er wartet, und kostet den Moment aus. Vielleicht sogar mit einem anderen. Gibt ihr einen besonderen Kick. Ein falsches Spiel wird hier ge-*

trieben, damit will sie ihn verwirren und verunsichern. So sehe ich das.«

»Das denke ich auch und gebe euch recht«, diagnostizierte Dr. Sokrates, *»ich sehe das auch genau so, es passt alles einfach nicht bei ihr. Reden und Handeln, Handlung und gesprochenes Wort driften diametral auseinander. Das Phänomen, das du angesprochen hast, Hans, nennt sich* **Cashioning**. *Das meint, sie hielt sich noch B-Typen, einfach für den Fall, dass der A nicht verfügbar ist. Personen mit so einer Leere in sich brauchen das. Sie sind ja krank und das ist für sie wie ein Notfallkoffer. Ohne Energiezufluss von außen sind sie nichts. Das spüren die auch und es muss sich schrecklich anfühlen. Ich will das nicht rechtfertigen, aber solche Individuen sind wirklich krank und sie können nicht anders. Wie Zecken.*

Tinkerbell ist nur der Spiegel der Emotionen ihrer Liebhaber. Wie bei einem schwarzen Loch. Vorausahnend fühlt es sich so an wie Nonsens oder Intrigen, Machtspiele – einfach irrational, ein Sumpf voller undurchdringlicher, wenig logischer unvernünftiger Emotionen! BPS´ler haben ihre Gefühlsentstehungen nicht im Griff, und, schlimmer noch, sie können sie nicht kontrollieren oder etwas dagegensetzen. Wie im Märchen der süße Brei. Der Brei sind deine negativen Emotionen. Es schwappt geradezu aus Tinkerbell und es gibt kein Halten, keinen Zauberspruch wie Töpfchen steh. Borderline ist wirklich eine üble Sache und die Betroffenen gehen durch die Hölle.«

»Nur damit ich das richtig verstehe«, hakte Vergil nach, *»die Betroffenen haben nicht den blassesten Schimmer von ihrer Erkrankung? Das wäre ja fatal.«*

»So ist es«, antwortete Dr. Sokrates. *»Es gibt eine Studie, die zu dem Schluss kommt, dass man Narzissten am einfachsten mit der Frage, sind Sie ein Narzisst?, entlarvt, und da ist was dran. Ein Mensch mit narzisstischer Störung wird die DSM-5-Kriterien oder die umfänglicheren LCD 10 Merkmale nicht leugnen. Viele NPS´ler erkennen auch ihre Störung an, sie fühlen sich aber grandios und haben dieses Größenselbst, wollen deshalb so bleiben.«*

»Ich besitze auch Grandiosität!«, testierte Hans seinen erstaunten Freunden stolz, *»Also Narzissmus ist besser als Borderline. Möchte gar nicht wissen, wie viele Gestörte ich schon hatte. Mir kann das egal sein, ich bleibe nirgendwo über Nacht. Unser Bob hat richtig in die Sch... , äh den Schlamassel gegriffen, glaube ich. Aber es gehören trotzdem immer zwei dazu.«*

»Kann man nicht wegdiskutieren, diesen ‚Standpunkt«, antwortete Dr. Sokrates, *»Bob berichtete auch, dass sie mega eifersüchtig war. Wenn im Fernsehen, er besaß ja keinen und war eher TV-Gegner, eine hübsche Moderatorin zu sehen war, dann hielt sie ihm die Augen zu. Er nahm das alles immer als liebenswerte Ticks hin. Misstrauen kann auch schmeicheln. Wenn Bob aus irgendeinem banalen Grund von einer Ex oder anderen Frau erzählte, dann wurde ihr fast regelmäßig schlecht. Still musste er dann sein, denn er spürte, dass sie das nicht aushalten konnte. Wenn er trotzdem weiter redete, rannte sie ins Bad. Das alles schaute er sich nicht so genau an und dachte immer, es ist seine Schuld. Ein ungehobelter Klotz sei er und seine Worte verletzen sie halt. Zumal sie ihm auch sagte, so wie du konnte mich noch*

kein Mann aufregen. Es liegt ganz an dir. Meine Gefühle schießen immer so hoch, ich kann das nicht halten, aber es ist deine Weste, die Flecken bekommt, meine bleibt weiß. Besonders eindringlich schilderte sie immer ihre absolute noch nie dagewesene Liebe zu ihm und ich muss dich vom Thron stoßen, damit du mich nicht mehr so erschüttern kannst. Ich habe da so ein idealisiertes Bild von dir in mir. Einmal, nach einem Off, wurde er zum Lover. Überall redete sie nur noch von ihrem Liebhaber. Bob fand das sehr verletzend, auch im ganzen Mietshaus, wo sie ihren Lebensmittelpunkt hatte, war er als ihr Loverboy bekannt. Gutmütig, wie er war, ertrug er auch das. Auf Nachfrage, warum sie ihn so betitelte und was darunter genau zu verstehen sei, kam nur für ihn Unverständliches. Sie müsse das so machen, um ihn besser ertragen zu können, denn er würde sie nicht entsprechend behandeln. Im Moment wäre er nicht würdig, ihr Lebensgefährte zu sein. Bob wollte seine neue Aufgabe ja gut machen und ging Konflikten aus dem Weg. Sie erklärte noch, ihre Emotionen ihm gegenüber sollten dadurch abgeschwächt werden. Schnell hatte er sich durch mannigfaltige Liebesbeweise wieder aus dieser erniedrigenden Rolle rausgekämpft.«

»Sie macht ihn einfach nur klein«, schimpfte Hans, *»und checkt den Limes, das ist alles. Mein Gott, ist die verrückt. Wie kann man das aushalten? Ich glaube, sie hatte zu diesem Zeitpunkt noch andere, deshalb das Gerede vom Lover. Am liebsten hätte sie ihm wohl gesagt, du bist die Nummer 7 auf meiner Liebhaberliste. Ich kenne eine, die ist wirklich sehr nett, die fand bei ihrem Freund wirklich so eine Tabelle. Sie wusste, dass er fremd*

geht. Das hatte sie schon lange rausgefunden. Der Typ war ein super Leistungssportler und zeigte eine übertriebene Männlichkeit. Ständig redete der von seinem Schwanz und wollte gelobt werden, wie gut er gerade wieder bummste. Auf diesem Zettel standen viele Frauen mit ihren Vorlieben und Qualitäten. Meine Bekannte regte am meisten auf, dass sie im Mittelfeld stand. Sie bildete sich ein, dass die Liste eine Wertung enthielt. Ich fand das ziemlich krass, aber so sind die Damen. Sie ärgerte sich nur, weil sie nicht auf dem Treppchen landete.«

Alle lachten.

»Sie wollte Miss Wet-T-Shirt sein. Platz 3 hätte ihr aber gereicht«, sagte der Paartherapeut belustigt.

Vergil schüttelte verwundert mit dem Kopf und offenbarte: *»Ich verstehe die Menschen nicht immer. Warum handeln so viele gegen ihre Überzeugungen oder wider besseren Wissens? Die Hölle ist dein jetziges Leben im Jenseits. Dein Karma! Es ist so einfach und nur die wenigsten kommen drauf und handeln dementsprechend. Es kann ja auch gar nicht anders sein. Der Tod ist sowohl wunderbar als auch nicht. Das entscheidest du!«*

Paartherapeut Sokrates machte große ungläubige Augen. Er wollte Vergil noch nach Gott, dem Ursprung und dem Sinn des Lebens fragen aber er tat es diesmal nicht. Das wäre zu sehr ausgeufert.

»Die Welt der Beziehungen«, sagte der Doktor, *»ist schon ein Mysterium. Wir alle wissen, was sich gehört und was angebracht wäre, aber wir handeln oft nicht danach. Dreiecke sind nicht gut und trotzdem praktizieren es so viele. Egal, um was es eigentlich geht, Wissen ist heute max. drei Klicks (Suchen, Seite aufrufen, Werbung*

closen dann Beitrag lesen) entfernt. Unser Wille ist oft zu schwach!

Manchmal, wenn Bob zu ihr kam, langte sie ihm sofort in die Jeans, ging dann an die Macadamias und hielt sie prüfend. Tinkerbell wollte so die Tankanzeige checken. Waren sie ihrer Meinung nach leer, dann durfte Bob sich rechtfertigen. Wenn er zugab, dass er masturbiert hatte, war sie sauer, manchmal sogar mega beleidigt. Viele ihrer Aussagen und Prostete waren aber für ihn nicht greifbar. Es fühlte sich in diesen Momenten, wenn sie komplett die Kontenance verlor, eher wie Paranoia an. Wie ein Mensch, dessen Gehirn von einer auf die andere Sekunde durchdreht. Oft war er traurig, schämte sich und ging hart mit sich ins Gericht, denn er war verstimmt auf sich selbst, weil er seiner Partnerin soviel Kummer bereitete. Nur ein guter und verlässlicher Ehemann wollte er sein. Legte ihr immer mehr zu Füßen und sie forderte ständig mehr ... Nachschlag bitte ..., aber sie war nicht zufrieden zu bekommen. Ein großer Nimmersatt! Wie ***walking on eggshells*** *fühlte es sich an. Bob verbog sich total um es ihr recht zu machen. Manchmal kamen die Attacken einfach so unvorhersehbar, dass er verzweifelte. Zum Beispiel brachte er Blumen, selbst gepflückt auf dem Feld und sie schnauzte ihn an, weil sie nicht vom Blumenladen waren und ob er sie wohl geklaut hätte? Er war verwirrt, denn sie liebte doch Feldblumen. Ein anderes Mal erklärte sie, dass Bob zu viel redete, auch ständig vom Geschäft, das wäre langweilig. Ab und zu zischelte sie im vorbeigehen eine Demütigung in seine Richtung. Einfach so, ohne erkennbaren Grund. Aus heiterem Himmel. Nichts total dramatisches, eher so kleine* *feine micro Nadelstiche. Zum Bsp. Blieb ihm folgender Satz in Erinnerung. Mit deinen Aktien, das wird auch nichts. Tatsächlich war er total erfolgreich und sie hatte trotz seiner Bildungsoffensive, ihr gegenüber, in diesem Bereich keine Ahnung. Das nächste Mal waren es Vorhaltungen, dass er es allgemein nicht bringt, seine Leistung passte ihr hier nicht und da nicht, er wäre gestört und wenn er nicht mehr Gas gibt, sich mehr ins Zeug legt mit ihr, dann sollte sie es besser bleiben lassen. Bob nahm diese Kritik ernst und strengte sich mehr an. Zu Anfang bekam er Ohnmachtsgefühle (Ein Alarmsignal, dein Körper zeigt an, dass etwas nicht stimmt). Manchmal, nach einer der vielen Standpauken, wurde ihm schwindelig. Er gab sich aber sodann mehr Mühe und fing an, nicht mehr so viel zu reden. Denn wenn er mehr schwieg, dann war die Wahrscheinlichkeit höher, dass er nichts falsches kund tat. Auch versuchte er über Belangloses zu schwatzen, das war nämlich unverfänglicher. Wie bei den Transformers verwandelte er sich in einen Formel-Eins-Wagen und gab Vollgas. Sein Job als Investmentbanker war stressig, denn er trug eine große Verantwortung und musste viele Überstunden leisten. Auch hier wurde er schon von ihr abgewertet, dass das ja nichts bringen würde.*

Auf sein Betreiben hin war seine Gesellschaft dabei, einen neuartigen Fonds aufzulegen, der versuchte, nur in erneuerbare Energien, ethische und ökologische Zukunftstrends nachhaltig zu investieren. Es kostete ihn eine Menge Energie und Überzeugungsarbeit, dieses Projekt durchzudrücken. Am Tag X, wo es um alles ging und er vor einer illustren Gruppe bestehend aus dem komplet-

ten Vorstand sein Anliegen vortragen sollte gab es einen Riesen Eklat in den Morgenstunden. Tinkerbell warf die Wasserstoffbombe auf Bob.»

»Ich liebe Aktien«, Hansi musste hier seinen Senf dazugeben, und einhaken, denn das war eines seiner Lieblingsthemen, *»und Geldanlage, kannst du Bob nicht mal einladen zu unseren Tischgesprächen. Vielleicht hat er ein paar gute Anlagetipps für uns. Übrigens investiere ich auch in grüne Finanzprodukte oder wie man das nennen will. Nicht hauptsächlich, aber ich habe schon ein paar im Depot. So Brennstoffzellen, Sonnen- und Windenergie-AGs. Durch das Beschäftigen über Aktien mit Zukunftstechnologien kann man seinen Horizont wunderbar erweitern. Man kennt immer die Trends von morgen. Wisst ihr übrigens, wo im Moment das meiste Geld von Investoren und Venture Capital Firmen reinfließt?«*

»Da habe ich keinen Plan«, erwiderte Vergil und schob sich das letzte Stück Kichererbse in den Mund.

»KI, würd ich meinen oder Robotik«, antwortete der Therapeut.

»Da liegst du knapp daneben, es sind Fleischersatzprodukte bzw. die Reproduktion von Fleisch im Labor, also ohne ganze Tiere, zu züchten. Es wird gleich das fertige Produkt ohne Knochen hergestellt. Ein Burger oder ein Steak und das wird industriell kopiert, gedruckt oder wie man das nennt. Ja, ich weiß, klingt spooky, aber so ist es und die Amis sind da wohl führend und lassen sich die ganzen Verfahren patentieren. Deutschland, was ja massenhaft schlecht produziertes Fleisch verkauft, wir stehen international auf Platz 4, wird dann, wenn diese

Verfahren sich durchsetzen werden, auf seinen Leichenbergen sitzen bleiben.«

»Das wusste ich nicht», sagte Vergil, *»klingt interessant. Ich als Veganer sehe darin kein Problem, wenn nicht mehr ein ganzes Tier als Lebewesen getötet wird, sondern nur noch ein Stück Lende im Labor entsteht, ohne Gehirn usw. Also nur ein Teil vom Selbst …«,* Vergil machte eine Pause. *»… es wird bestimmt auch eine Diskussion darüber geben, ob das ethisch vertretbar ist. Fleischzellen leben ja auch und in wie weit dürfen wir in die Schöpfung eingreifen? Ich werde aber trotzdem bei Grünfutter bleiben, ein Black–Bean- oder Linsen- Burger ist mir trotzdem lieber. Ich will auf Nummer sicher gehen, gerade wegen meines Karmas. Ich hatte eh so großes Glück damit.«* Er lachte freudig.

»Naja, ich glaube, wir verschlafen …«, räusperte sich der Sokrates, *»… im Moment so einige Trends, die es gab und gibt. Und die paar Trendsetter hierzulande werden verscherbelt. Ein Gutes hat die Fleischproduktion aus der Retorte. Die schreckliche und total ungesunde Massentierhaltung hört dann endlich auf. Schlecht produzierte Lebensmittel, in denen so viel Grausamkeit und Qual stecken, können nicht gesund sein. Sie haben total negative und miese Schwingungen. Das macht die Konsumenten krank und grausam. Wenn du in einen Motor verunreinigtes Benzin einfüllst, welche Leistung wirst du dann wohl erhalten?«*

»Eine sehr schlechte«, antwortete Vergil und schaute ihn direkt an, *»und wenn du Pech hast, ist der Antrieb, also dein Selbst, deine Hülle, bald defekt. So lange es*

Schlachthäuser gibt, solange wird es auch Schlachtfelder geben. Das ist übrigens nicht von mir.«

»Da könnte was dran sein«, erwiderte Dr. Sokrates und fragte: *»Von wem stammt dieser Ausspruch?«*

Vergil musste passen. Er zuckte mit den Schultern. *»Vielleicht vom Tierfreund Albert Schweitzer?«*, antwortete er ratend.

Gerade, als der Doktor einsetzten will, erklingt eine Stimme aus dem All.

»Leider knapp daneben. Das war Tolstoi, der alte Vegetarier. Bei ihm bekam jeder Gast, der Fleisch verlangte, ein lebendes Huhn und ein Schlachtermesser«, warf Boho ein die gerade zum Tisch gelaufen war und das Geschirr aufnahm. Sie hatte wohl den letzten Satz vernommen. *»Braucht ihr noch was? Vielleicht einen Nachtisch? Ich kann heute die selbstgemachten veganen Brownies mit Sahne empfehlen.«* Lächelnd und geduldig wartend blickte sie in die Runde.

Alle waren baff und geplättet, woher kannte ein so junges Ding ein Zitat von Leo Tolstoi? Sowas wussten nur Insider, deshalb lag der Verdacht nahe, dass sie achtsam lebte, deshalb wohl auch die Yoga Sache und ernährte. Das machte ihre Aura noch reizender und anziehender.

Nur Vergil bestellte sich noch etwas zum Nachtisch und flüsterte, als die Bedienung sich entfernte: *»Wieso stehen ältere Männer wie wir auf jüngere Frauen? Da stimmt doch auch was nicht? Naja, gucken darf man ja. Für mich wäre die ja sowieso vom falschen Ufer. Ich könnte aber Yoga mit ihr treiben.«*

»Alter schützt vor Liebe nicht, aber Liebe vor dem Altern.«
(Coco Chanel 1883 - 1971)

DER EIERBECHER

Boho brachte einen schönen dunklen Brownie und stellte ihn vor unseren Philosophen und Gedichte Schreiber. *»Na, du hättest wohl auch gerne ein Stück davon?«*

»Rucke di guck, rucke di guck ...«, machte die kleine Stadttaube auf dem Asphalt und Hans wischte ihr dir Brotkrumen vom Tisch hinunter. Boho verschwand schon wieder in der Küche.

»Schon seltsam, dass die Taube immer noch da ist, oder war sie zwischenzeitlich mal weg?«, fragte Vergil. »Es muss doch die gleiche sein, denn sie hat diese besondere schwarz-weiße Zeichnung, wie Granitfels. Das habe ich noch nicht oft gesehen.«

Hans schaute zum Vogel und machte: *»Put, put, put«*, aber nichts geschah. Er mochte Tiere wirklich gerne. Warum, wusste er nicht. Die Stadttaube ließ sich nicht locken. Sie blieb unbeeindruckt. Kurz berührten sich die Blicke der Freunde. Sie kannten sich schon lange. Keiner konnte dem anderen mehr etwas vormachen und so war auch Prahlerei fehl am Platze. Jeder hatte seine Macken, Vorzüge und Skills.

Der letzte, letzte Schluck Monaco rann Sokrates die Kehle hinunter. Ganz zum Schluss kam immer noch so ein Schwall Grenadine vom Boden des gepressten Quarzsandes, leicht zu süß, in diesem Moment. *»Also kommen wir jetzt zu einem weiteren Highlight dieser Tragödie zweiter Teil. Bob hatte diesen wirklich wichtigen Tag. Für seine Kariere ein Meilenstein. An diesem Tag konfrontiert ihn*

Tinkerbell gleich morgens damit, dass sie im Kinderzimmer eine Unterhose von ihm fand und dass sie vermutet, dass er etwas unanständiges mit seinen Kindern macht. Es war so eine diffuse Anschuldigung, aber es war ihm klar, was sie meinte. Kurz versuchte er noch, dagegen zu argumentieren. Er sagte so Sachen wie, wenn du das von mir glaubst, wieso bist du dann noch bei mir und nicht bei der Polizei? Hast du schon jemals erlebt, dass ich mit meinen Kindern zu intim war oder zu freizügig. Bob ließ seine Kleinen noch nicht mal in seinem Bett schlafen. Er mochte das nicht. An diesem Morgen hatte er sich zunächst voll auf dieses bedeutende geschäftliche Gespräch fokussiert. Dann wurde er jäh und mit brachialer Gewalt zum Beschuldigten und mit dem stärksten Missbrauchsvorwurf konfrontiert. Für einen Mann gibt es nichts Schlimmeres. Eine Frau vergewaltigt zu haben, klingt dagegen harmlos, wie Sandkuchen zerstören. Die Anschuldigung kam von seiner Partnerin. Die eigenen Kinder zu missbrauchen, ist nach meinem Dafürhalten das härteste Geschütz, was man auffahren kann. Es kommt gleich nach Mord.«

»Das kann ein normales ICH«, sagte Vergil voller Sorge und Abneigung, *»ein Liebender, zu seinem Partner nicht sagen. Zum Schutz der Kinder hätte sie außerdem zuerst zur Kripo oder zum Amt gehen müssen. Wenn es nicht wirklich klar ist, dann darf man das nicht äußern. Das ist ein wahrer teuflischer Reiter. Ich bin entsetzt und hoffe, dass es sich aufklären wird zum Guten. Aber eigentlich kann jetzt nichts mehr heil werden. Entweder er hat Dreck am Stecken, dann ist es schrecklich für die Kinder oder er ist unschuldig, dann gehört die Frau in die*

Klapse. Sie wollte doch nicht gemeinsame Sache mit ihm machen?«

»Das kann ich mir nicht vorstellen«, antwortete Hans, *»kommt aber schonmal vor. Ich habe mehrere Jahre Sexualdelikte bearbeitet und ich hatte keinen klaren Fall einer Vergewaltigung. In keinem Bereich wird so gelogen wie hier. Damit meine ich, dass es fast immer eine Vorbeziehung zwischen Opfer und Täter gegeben hat. Meistens waren die Beteiligten total betrunken und voller Drogen. Am nächsten Morgen wachen sie auf und haben keine Ahnung, was passiert ist. Dann läuft ihnen Sperma aus der Scheide und sie rennen zur Polizei. Viele faseln dann etwas von KO-Tropfen, aber das hatte ich auch nie erlebt. Schon während der Vernehmung wurde klar, es können keine solchen Mittel zum Einsatz gekommen sein. Hast du Erinnerungsinseln, dann ist es sehr fragwürdig, denn bei Narkosemitteln weißt du nichts mehr über einen langen Zeitraum. Wir konnten das auch nie im Körper der Opfer nachweisen. In keinem Verdachtsfall. Ich will damit nicht sagen, dass es das nicht gibt und man nicht vorsichtig sein muss. Aber es wird übertrieben. Als Lady sollte man sich unbedingt nicht selbst in einen Zustand der Willenlosigkeit bringen und vorsichtig sein im Umgang mit neuen Bekanntschaften. Ein Ereignis muss ich noch schildern, kennt ihr den Lehrer Horst Arnold, der von einer neuen Lehrkraft beschuldigt wurde, dass er sie im Biologiesaal u.a. mit einer PET-Flasche vergewaltigte. Der Mann war schon etwas älter. Er verlor alles, Familie, Beruf, Haus, Vermögen, Ehre, Freiheit etc. und zum Schluss sein Leben. Kachelmann ist wahrscheinlich auch so ein Justizirrtum, oder der Straßenbahnfahrer Witte. Der Kachelmann*

hatte zum Glück Geld und topp Anwälte. Das ist so gemein und niederträchtig. Es könnte bei Tinkerbell auch um Erpressung gehen. Könnte auch eine seelische sein, ... unter Umständen.«

Während der Brandrede von Hans winkte Dr. Sokrates Boho zu, zeigte auf sein leeres Glas und machte eine Geste, die ihr signalisierte, dass er noch mal das gleiche wollte.

»Klar, es ist alles denkbar hier«, sagte der Therapeut, *»und bei BPS´lern weiß man das nie so genau. Das wissen die ja selbst kaum. Also was gerade in ihnen abgeht. Es gibt laut wissenschaftlicher Studien einen Männerhass in der Gesellschaft. Sogar manche aus der Gruppe der Männer tragen das mit, Mann – schlecht, Frau – gut. Dann kommt es zu solchen Urteilen. Der Mann, das triebgesteuerte Wesen«, lacht er. »Als ob wir kein Gehirn hätten. Also, Bob, verdrängte zunächst diese Geschichte, für ihn war es so am besten. Er ging zur Arbeit hielt seine Präsentation etwas steif, aber routiniert und hatte damit trotzdem Erfolg. Den Deal bekam er und sagte dann seinem Chef, er müsse heute früher gehen. Schon auf der Fahrt nach Hause rief er die Mutter seiner Kinder an und teilte ihr die Vorwürfe mit, dann klingelte er seinen besten Kumpel an und dann noch seine Mutter. Alle drei waren ziemlich betroffen und verstanden es nicht. Sein damaliger bester Freund, mit dem er immer Tonnen von Brennholz im Wald machte, war stinksauer auf Tinkerbell. Auch die Exfrau von Bob meinte, sie wisse, dass das nicht stimmt. Er war damals sehr erleichtert, dass niemand ihm das zutraute, und total frustriert über diesen gemeinen, fiesen und niederträchtigen Vorhalt. Hier hatte sie eine Grenze überschritten, sie war zu weit gegan-*

gen. Bei Bob regte sich Widerstand und er war wütend. Aber wie kam die Unterhose in das Zimmer? Sie lag dort auf dem Boden, sagte sie?

Damals hatte Bob die Angewohnheit, dass er seine Unterwäsche in eine Tasche seines Schlafanzuges steckte. Hier muss sie beim abendlichen Vorlesen rausgefallen sein. Noch nie hatte er sich etwas zu schulden kommen lassen. Alles Weibliche behandelte er mit größtem Respekt. Sexistisches Gerede gegenüber dem anderen Geschlecht war ihm ein Gräuel und er konnte sich nicht erklären, wie Menschen Kinder oder Jugendliche als Sexualobjekte betrachten konnten. Er war jetzt etwa Mitte 40 und wenn eine Frau mehr als 10 Jahre jünger war, dann hatte sie auf ihn keinen Reiz mehr. Das galt auch mit Abstrichen für die andere Richtung. Mit seiner Sexualität war er zufrieden. Möglicherweise war er etwas verklemmt, aber das ging entschieden zu weit. Wie konnte sie das nur in Erwägung ziehen? Damals hatte er Tinkerbell richtig Stress gemacht und einen Familienrat einberufen. Sie kam dann auch dazu und entschuldigte sich. Wüsste nicht, was in sie gefahren wäre, und ihr sei klar, dass das nicht stimmt. Sie zeigte große Reue damals und heulte viele Tränen. Tinkerbell war ein Häufchen elend. Sie schluchzte stundenlang. Immer wieder vielen solche Sätze wie, wie konnte ich das nur glauben, wie konnte ich das tun, es tut mir leid, war ein großer Fehler, usw. Sie zeigte große Reue. Der einzige, der damals die Situation richtig einschätzte, ohne die Hintergründe in Gänze zu erahnen, war der Holzfäller. Er riet Bob in seiner unnachahmlichen groben Art die Alte zu fällen. Wie einen morschen kaputten Baum! Die hätte einen Knall, sowas

Haltloses zu behaupten. Ich brauche nicht erwähnen, dass Bob durch die Hölle ging an diesem Tag und trotzdem hat er ihr vergeben. Wie er sie so da sitzen sah, aufgelöst und schluchzend. Es war ein großer Auftritt. Wäre er nur mal früher zu mir gekommen oder hätte es mir berichtet. Das ist ein klarer Fall von mir ist alles egal, Hauptsache, ich ziehe das Ding durch, egal, wer oder was dabei auf der Strecke bleibt. Ich rieche hier noch eine Komorbidität zu einer **histrionischen** *Störung. Damit will ich wieder andeuten, dass bestimmte psychische Persönlichkeitsstörungen auch zusammen auftreten können. Die Frau ist eine Drama Queen. Sie sorgt für Theatralik. Tatsächlich stand sie durch die Aktion im Mittelpunkt. Man geht sogar so weit, dass diese Erkrankungen auffällig häufig zusammen auftreten. Alle bisher genannten Defekte werden bei uns im Cluster B eingeteilt.«*

»Ich weiß nicht, was **Histrionik** *oder so für ein Cluster ist«*, warf Hans entrüstet ein, *»aber die Dame hat ein grobes Foul begangen, das war eine Blutgrätsche, das ist so schlimm, das kann man nicht mehr kitten, eine Grenze wurde überschritten, der Bob ist glaube ich irgendwie ohne Selbstwert, sonst hätte er sich das nicht bieten lassen oder viel zu gutmütig und leichtgläubig.«*

»Ich kann dir da nur beipflichten«, sagte Dr. Sokrates, *»das ist ein* **Dealbreaker**, *wobei ich das Gespür habe, sie wollte damit irgendwas manipulieren. Nachtigall, ick hör dir Trapsen. Eventuell beabsichtigte sie, ihn fertig zu machen, klein zu machen, zu erpressen oder war eifersüchtig auf die Kinder, die alle 14 Tage kamen oder sie wollte einfach nur im Mittelpunkt stehen, brauchte Energie. Solche Gestörten lieben das Leiden der anderen.«*

»Tinkerbell dachte«, sagte Vergil, *»dass er so die Kids nicht mehr bekommt, dann verbringt er mehr Zeit mit ihr? Klingt sehr krank, das ist schon jenseits allen guten Geschmackes. Sie testet aus wie weit sie gehen kann. Mit Logik kommt man da manchmal nicht mehr weiter, bei den Schrillen.«*

Langsam entwickelten alle drei ein gewisses Mitgefühl mit Bob. Es war so eine Mischung aus Zorn und helfen wollen bzw. wie konnte man sich so etwas bieten lassen. Wie konnte das nur mit ihrem Ex-Mann so lange gut gehen? Der musste auch einen an der Klatsche haben. Nach so langer Zeit war der nur noch ein verbranntes Feld, eine ausgepresste Zitrusfrucht, Death Valley, und deshalb ist sie gegangen. Diese Fürstin der Dunkelheit war eine wahre Meisterin im Manipulieren und ständig auf der Suche nach Lebenssaft und Vitalkraft. Wie eine Zecke.

»Drum prüfe, wer sich ewig bindet, ob sich das Herz zum Herzen findet.«
(Friedrich Schiller 1759 - 1805)

NO FLOW

Langsam ging die Sonne unter und tauchte den dunkelblauen Himmel in Gelb-, Orange- und Rottöne. Diese verschmolzen mit den leuchtenden Farben des Brunnens. Es war so, als ob die bunten Strahlen der unzähligen Fontänen wie bei einem Tintenstrahldrucker den Himmel in ständig wechselnden Farbverläufen abbildeten.

»Grandios«, rief der Doktor aus, *»ihr seid schon große Experten geworden. Es ist doch unglaublich, was der Anblick eines Eierbechers im Kinderzimmer ausgelöst hat. Es könnte auch sein, dass bei ihr der Selbstwert angekratzt wurde. Folgendes perfides Denkmuster könnte vorliegen – anstatt sexuelle Handlungen an mir vorzunehmen, macht er das bei ... Die Tatsache des Missbrauchs steht hier nicht im Vordergrund. Leichte Verletzbarkeit der Gefühle, sexuell provokantes Auftreten, geringste Anlässe führen zu starken Gefühlsschwankungen und manipulativem Verhalten. Das ist typisch für* ***Histrioniker****. Ich erkenne aber auch noch ein Defizit im Rahmen der* ***Ambiguitätstoleranz****. Das Aushalten von nicht eindeutigen Situationen und das vernünftige, überlegte Bewerten dieser. Die Reaktionen von Tinkerbell sind vielfach total überzogen oder unangebracht. Wenn alles nach ihrem Gusto läuft, klammert sie so stark, dass Bob manchmal dachte, keine Luft zu bekommen. Sie äußerte auch den Wunsch, ihn aufzuessen oder ein Teil von ihm zu sein. Nach meinem Dafürhalten riecht das noch nach einer* ***dependenten*** *Persönlichkeitsstörung. Ihr denkt*

jetzt, das ist aber ein großer Cocktail an Erkrankungen, aber es ist eher die Normalität. Narzissmus und Borderline besitzen eine große Nähe, denn es sind ja alles Cluster-B-Störungen. Man spricht hier auch von dramatisch emotionalen Erkrankungen. Es ist oft so, dass NPS´ler auch BPS-Anteile haben und umgekehrt, wobei wir alle diese Splitter auch in uns tragen. Es kommt schlicht auf die Dosis, also Intensität an, wie schon Paracelsus meinte. Wobei ein einzelnes DSM-Kriterium in starker Ausprägung dich beziehungsunfähig machen kann und dein Leben sehr erschwert.«

Hans holte eine grüne Schachtel Eckstein Nr. 5 hervor und nestelte sich eine Kippe raus. »*Klick - klack - ratsch*«, brannte das Benzinfeuer und er zündete sich genussvoll den Tabak an. Seine Backen wölbten sich nach innen wie bei einem, der mit einem Strohhalm saugt. In der Luft hing ein Hauch von Benzingeruch wie bei einem Feuerschlucker oder nach dem Abwurf von Napalm.

Vergil blickte ihn kritisch, aber zugleich auch fasziniert an. Hans hatte gerade einen schweren Herzinfarkt und trotz des Anratens seines Internisten rauchte er weiter. Auch seinen restlichen Lebenswandel hatte er nicht wie vorgeschlagen gravierend verändert. Er blieb sich hier treu. Gerade schoss so ein rosa Radler, der Essen auslieferte, vorbei und hielt direkt vor der Bar. Er schien Boho gut zu kennen, denn sie umarmte ihn kurz. Er bekam eine ganze Reihe verpacktes Zeugs und lud alles in seinen rosa Rucksack bzw. Minecraft Klotz, um dann eilig davon zu radeln.

»Soll ich weiter erzählen oder seid ihr schon total belämmert?«, fragte der Paartherapeut.

»Alles gut, ist krass verrückt, deine Story diesmal. Ich hoffe, es gibt noch ein paar pikante Details, denn die mag ich am liebsten«, sagte Hansi verschmitzt.

Auch Vergil wollte noch weitermachen. Er bewegte den Kopf hoch und runter, was soviel wie »Ja« bedeuten sollte. Seinen Brownie hatte er gerade aufgegessen und kaute den letzten Bissen. Danach leckte er sich genüsslich die mit Schokolade verschmierten Finger ab und warf der Taube ein paar Schokokrümel hinunter. Da hatte sich das Warten mal doch gelohnt.

»Die Beziehung vollzog also immer wieder hohe Ups«, fuhr Doktor Sokrates fort, *»und tiefe Downs. Es kam trotz großer Zuneigungsbekundungen und Liebesschwüre nie so richtig ins Laufen. No flow! Das Gefühl, angekommen zu sein, seinem Partner vertrauen zu können, stellte sich nicht ein. Immer wieder gab es Stress und deshalb meist kleinere Offs. Am häufigsten fiel der Vorwurf der Eifersucht. Für sich konnte Bob nur wenig tun und mit der Zeit verabschiedete er fast alle Freunde bzw. traf sich einfach nicht mehr mit ihnen. Seine Vernetzung wird unterbrochen. Tinkerbell brauchte seine ganze Aufmerksamkeit. Einmal hatten sie Nachbarn eingeladen. Es waren wohlhabendere Leute. Sie hatten eines der größten Unternehmen in Heidelberg für Tiefbau. Der ganze Abend verlief gut, nur in dem Moment, wo der Gastmann erzählte, dass er viel Geld verdient und seine Mitarbeiter in der Regel, wegen des harten Jobs, das reguläre Rentenalter nicht erreichen. Ab diesem Moment entglitt Tinkerbell die Mimik. Sie war plötzlich in einer anderen Welt. Bob wusste sofort, was gerade passierte. Ihre aufgeschlossene lockere Art war verflogen, eben war sie noch charmant und*

everybody's darling. Jeder am Tisch bemerkte, dass ihr irgendwas gewaltig die Petersilie verhagelt hatte. Der restliche Abend verlief gequält. Eine in der Runde war zum Miesepeter avanciert. Nachdem die Gäste gegangen waren, fragte er sie natürlich, was war. Wer hatte ihr den schwarzen Peter gegeben? Er wusste es ja nicht genau und da gab sie an, dass der Firmeninhaber sich die Taschen vollstopft und seine Mitarbeiter krank werden. Bob sagte daraufhin, aber das sind unsere Nachbarn und er kann ja nichts dafür, das sind die Folgen des Jobs und hätten wir nicht versuchen sollen das »Abendmahl« über die Dauer zu retten? Mit der Zeit kam auch niemand mehr zu ihnen in die schöne Villa. Eigene Freundinnen hatte sie keine, zumindest keine normalen, mit denen man sich treffen konnte. Es waren lauter so »durchgeknallte«, mit extremen Störungen wie Anorexie, Paranoia, Psychosen, drug abuse usw. Keine besaß noch einen Mann. Eine trennte sich auf einer Insel von ihrem Ehegatten und da stand immer noch ihr Hochseecontainer mit ihrer ganzen Habe. Es waren zum Teil erschütternde, faszinierende Geschichten von zutiefst verstörten Individuen. Lediglich eine Freundin aus der ersten Ausbildung zur Maskenbildnerin schien normal. Sie lebte zwar in Scheidung, hinterließ aber einen gesunden Eindruck, und mit der traf sie sich einmal im Jahr oder alle zwei Jahre. Ansonsten hatte sie keinen funktionierenden Bekanntenkreis. Auch wechselten die Freundinnen ständig. Es kamen immer wieder neue Bekannte hinzu, die waren längstens einen Monat topp, dann flop, und die meisten waren nie mehr gesehen. Mit einer Freundin teilte sie sich ein Fahrzeug. Hier gab es auch ein ständiges Auf und Ab.

Mal wollten sich die beiden mit dem Geld der Freundin und von Bob selbstständig machen, dann klappte es mit der Alliierten zwischenmenschlich wieder nicht. Oft fiel sie in Ungnade, weil sie das gemeinsame Gefährt nicht ordentlich zurückbrachte oder Tinkerbell den Eindruck hatte, dass sie mehr investiert und die Freundin zu wenig. Also auch hier könnt ihr sehen, dass Personen mit den bisher genannten Störungen alle Leute in ihrem Umfeld abwerten. Sie haben keine echten Beziehungen und Freundschaften halten nicht lange oder es gibt ständig Zoff. On und off wie in der Partnerschaft. Und im Bekanntenkreis von Bob, war ihr niemand recht. Bald waren beide in Einsamkeit vertraut.«

»Hallo Boho, machen Sie uns bitte noch einen Monaco und einen Kaffee.«, flüsterte Hans, der gerade langsam vorbeilaufenden.

Sie nickte höflich von der Seite und flitzte zur Bar.

»Danke, Hans«, sagte Dr. Sokrates. *»Bob hatte zu dieser Zeit einen Traum. Es fühlte sich an wie ein Albtraum. Er träumte normalerweise so gut wie nie. Zumindest konnte er sich nicht erinnern. Vom Inhalt blieb nicht mehr viel übrig. Möglicherweise war er auch so kurz. Die Botschaft ist dafür um so eindeutiger. In der Einfahrt, wo er wohnt, trifft er während eines Sturmes in der Nacht auf seine geliebte Tinkerbell. Wie er zu ihr hingeht, muss er feststellen, dass sie ein Cyborg ist. Sie ist nur eine Hülle, ein schöner Schein, eine Kopie eines Menschen. Er ist total entsetzt. In den nächsten Tagen hat er versucht, das in einem kleinen Porträt festzuhalten. Sie war mit dem Ergebnis nicht sonderlich zufrieden. Es zeigt sie mit grünen Haaren und funkelnden Augen. Ich würde sagen,*

dass auf solche Personen am ehesten das Bild eines Zombies passt. Das ist hart, aber aus meiner jahrelangen Erfahrung erlaube ich mir das. Seelenlose Wesen, die bereits verstorben sind. In Wirklichkeit sind sie natürlich keine echten Untoten, aber ihre Seele haben sie verschlossen, in ihnen ist eine große Leere und diese wollen sie mit echten Gefühlen von lieben empathischen Wirten füllen. Es macht keinen Unterschied, ob der Wirt verkümmert. Das war wohl bei ihrem Ex-Mann so, nach so vielen Jahren war der ausgesaugt und abgebrannt. Wie ein Kupferstecher bohren diese Parasiten deine Seele an. Sind sie erstmal drin, dann verzweigen sie sich in alle Richtungen. Gleichzeitig und damit du es nicht merkst, öffnen sie geschickt die Schleusen deiner Glückshormone. Du befeuerst deinen eigenen Untergang. Zum Trost dafür schmeckt es süß, manchmal einfach zu süß. Daran kannst du auch bemerken, dass etwas nicht stimmt. Alle, die da noch lebend rauskommen, können drei Kreuze im Kalender für ihre Wiedergeburt machen. Denn das schlimmste liegt dann hinter dir.«

»Das ist wie bei Lebensmitteln«, ergänzte Vergil, *»wenn etwas zu gut mundet, sind die Inhaltsstoffe meistens ungesund und wenig ausgewogen. «*

»Es sollte eine Lebensmittelampel«, sagte Hans und lachte dabei, *»auch für Menschen geben. Bei den Gestörten leuchtet die dann rot. Machen wir eine App daraus.«*

»Man sieht nur mit dem Herzen gut. Das wesentliche ist für die Augen unsichtbar.«
(Antoine de Saint-Exupéry 1900 - 1944)

8 MONATE SINGLE

Helios, der Sonnengott war mittlerweile schlafen gegangen und die tiefer gelegene Parkanlage füllte sich immer mehr mit Menschen, verliebten Paaren und Nachtschwärmern. Alle fanden irgendwo ihr Plätzchen. Ein wirklich krass romantischer Ort. Ich kann mich da gut im Gebüsch, den Bäumen oder Efeuranken verstecken und lauschen. Im Sommer, auch aufgrund der riesen Wasserfontänen, ist es dort sehr beliebt, denn sie kühlen die Luft und die Liebenden etwas ab.

»Ich will auch noch eine andere Sache kurz einwerfen«, sagte Hans. *»Es ist so oft das gleiche, leider. Viele ruinieren sich wider besseres Wissen. Dann stehen sie vor ihrem Scherbenhaufen und suchen die Schuld woanders. Ihr kennt doch den Kumpel von mir mit der eigenen Imkerei.«*

»Ja klar«, antwortete Dr. Sokrates, *»der kräftige Typ, der von sich denkt, er wäre Tom Cruise.«*

»Ja genau«, sagte Hans, *»der Laden läuft top, schon seit Jahren. Er hatte ihn ja mit Kredit vom Vorgänger übernommen. Seine Honigsorten waren spitze, aber mit den Mitarbeitern konnte er überhaupt nicht umgehen, deshalb erledigte das seine treue Ehefrau. Selbst überschätzte er seinen Anteil und seine Leistung. Sie machte auch immer das ganze Büro, half im Geschäft mit und kümmerte sich um die Steuer und neue Trends. Aus ganz Mannheim und Umgebung kam die Kundschaft. Dann lernte der Depp, sorry«,* er lachte, *»eine andere kennen und verliebte sich. Die Jüngerin versprach das Blaue vom*

Himmel. Sie hilft im Laden und unterstützt ihn, wo sie nur kann. Daraufhin hat er dann seine langjährige Partnerin verlassen und ließ sich scheiden. Die Neue war nicht oft im Geschäft gesehen, denn sie gab lieber sein Vermögen aus. Der Bienenmann vergraulte innerhalb kurzer Zeit seine Mitarbeiter und Kunden. Jetzt ist er den Laden los, hat Schulden und die Neue Bienenkönigin ist auch über alle Berge. Ich finde, der Teufel muss ihn damals geritten haben. Seine gut gehende Imker-Boutique hat er an die Wand gefahren, wegen der Leidenschaft, und nun schuftet er bei Edeka (Ende der Karriere) am Leergut. Das hat er jetzt davon, dass er sich als Rittmeister eine neue Stute zureiten wollte.« Hans lachte voller Schadenfreude und rieb sich sein Kinn mit Ziegenbart. Seit neuestem erst Trug er Kinnschmuck. Die Gründe sind nicht bekannt. Er findet ihn super stylisch.

»Im wahrsten Sinne des Wortes«, setzte Vergil nach, *»war diese Aktion auf Wachs gebaut. Kein sehr stabiler Baustoff.«* Vergils Miene signalisierte Zustimmung. Auch er kannte den Bienen-Loser gut. Ab und zu war er auch schon mit den anderen in Urlaub. *»Jetzt ist der auch verbittert und irgendwie hat seine Psyche das nicht verkraftet und bei ihm sind Soll und Ist 10.000 Meilen weit auseinander. Ich meine, damit er ist realitätsfremd geworden. Klar, das war er schon vorher. Aber ich finde, von diesem Ausritt kam er mit einem großen Balken vor dem Kopf zurück.«*

Alle ließen das gehörte in sich wirken. Vergil holte sich ein veganes Kaugummi raus und steckte es sich in den Mund. Es waren so Dinger aus Naturkautschuk. Das Papier landete ordentlich gefaltet im Ascher. Hans lockte die Taube und Sokrates nahm einen kräftigen Zug Monaco, als ginge es darum, den Schierlingsbecher zu trinken, und das frische Tulpenglas war danach halbleer oder halbvoll?

Akkurat stellte er es ab, sodann wischte er den Bierschaum ab und begann: *»Let's go on. Es gibt noch so einen komischen Vorfall, der zu einem langen Aus führte. Damals war die kleine Tochter von Bob, die war so 10 Jahre alt, krank und abends, als Schlafenszeit war, da fragte sie, ob sie im Bett bei ihrem Vater und Tinkerbell schlafen kann. Ganz unbedarft antwortete er mit ja, denn sie hatte starkes Fieber und im Garten machte ihr irgendwas Angst. Bob wusste ja, dass er sie so gut wie nie bei sich schlafen lässt, weil er das nicht mochte. Aber in diesem Moment antwortete er, nach kurzer Überlegung, spontan ja. Seine Freundin war daraufhin mächtig stinkig. Sie war damit irgendwie nicht einverstanden und schlief auf der Couch. Das große Bett hatte er mit seiner Tochter allein. Ihm war klar, zuerst kommt der Partner, dann die Kinder, danach alle anderen. So war die Hierarchie, eigentlich, aber darum ging es hier nicht. Noch dachte er, vielleicht hat sie Angst sich anzustecken. Am nächsten Tag erhielt er weitere Vorwürfe. Er würde seine Tochter vor die Beziehung stellen und müsste bessere Grenzen ziehen. Da er die Dramatik erkannte, wollte er beschwichtigen, machte beliebte Späße, versuchte eine Prise Humor einzubringen und setzte sich sachlich damit auseinander. Seine Argumente wurden alle in der Luft zerfetzt, seine Partnerin fühlte sich plötzlich an wie ausgewechselt wie in diesem Film Angriff der Körperfresser. Dort werden Menschen meist über Nacht durch gefühllo-*

se Repliken ausgewechselt. Warum aus diesem kleinen Anlass ein mega Ding wurde, verstand er nicht. Selbst, rein sachlich betrachtet hätte man sagen können, ok, es gibt hier zwei Meinungen oder Wünsche und wir lassen das in diesem Fall so stehen. Oder wir gehen zum Paartherapeuten und klären das dort. War ja eine Ausnahme und keine Regel. Tinkerbell machte aber eine Staatskrise daraus. Es war nicht mehr an sie ranzukommen. Sie war sozusagen bockig wie ein Wildpferd. Die Beziehung ging mal wieder ins Off. Wie immer bekam Bob die Schuld und Tinkerbell meldete sich nicht mehr, wie beim ***silent treatment.*** *Bis zuletzt hatte er mit Engelszungen versucht, sie wieder gefügig zu machen, aber vergebens. Auch in den Arm nehmen oder streicheln half nicht. Sie meinte dann nur, dass er sie jetzt so verletzt hat, dass sie sich nicht beruhigen kann. Als Koch hatte er mal wieder versagt. Das richtige Rezept besaß er einfach nicht oder noch nicht? Sie machte auch keine Anstalten, die Partnerschaft zu retten, oder Ähnliches. Stattdessen suchte sie sich einen neuen Freund oder Lover. So genau weiß man das nicht. Bob dagegen hatte es komplett verspult und er litt wie ein Hund und machte sich viele Vorwürfe. Sein Zustand war komatös, Tinkerbell dagegen war still und wirkte abgebrüht. Die Trennung schien ihr nichts auszumachen. Bob landete zunächst im Krankenhaus in der Notaufnahme, denn er hatte starke Schmerzen überall. Hier sagten sie ihm, er sei körperlich gesund, aber psychisch gestresst. Schlussendlich musste er sogar in Kur gehen, um sich wieder aufbauen zu lassen. In der Klinik versuchte er, sich zu heilen und zu transformieren. Machte hier zum ersten Mal seine Beziehung zum Thema und wollte Tin-*

kerbell vergessen. Sie war recht schnell wieder frisch verliebt, trotz der ach so riesigen Liebe zu ihm, und er trauerte. Diese große Liebe zu ihm überdauerte noch nicht mal eine kleine Meinungsverschiedenheit wegen einem kränklichen Kind. So langsam dämmerte ihm, dass etwas nicht stimmte. Acht Monate war er danach Single und versuchte, seinem Leben einen anderen Sinn zu geben. Er engagierte sich noch mehr sozial, renovierte ein Objekt, schrieb ein Buch, machte viel Sport, mehrere Radreisen, kletterte auf so manche hohe Berge, wanderte einen Jacobsweg, nahm die älteste Tochter auf, fertigte Kunstobjekte usw. Er tat alles, um sie zu verdrängen, und war sich sicher, dass es so am besten ist. Manchmal, wenn er mit sich ganz alleine war oder auf einem hohen Gipfel, dann spürte er tief in sich eine Sehnsucht nach einem Partner und war traurig. Wusste aber nicht genau, was er falsch gemacht hatte. Solche Mühe hatte er sich gegeben und doch konnte er es nie recht machen. Dem Ende entgegen hat es sich auch wieder wie paranoid angefühlt. Das Verhalten von Tinkerbell war einfach nur krass und nicht logisch greifbar. Sie war solchermaßen gekränkt und in einer anderen Welt, da konntest du nichts ausrichten. Alle guten Taten und lobenden Worte waren dann vergessen. Bob war so ausgelaugt von der Beziehung, dass er dachte, er würde sterben, er hatte sogar Herzschmerzen gehabt und geglaubt er hätte einen Infarkt gehabt und Tinkerbell schimpfte immer weiter und spürte nicht, wie schlecht es ihm damit ging. Sie wertete ihn ab und war durch nichts zu beruhigen. Auch die aufrichtigsten Liebesschwüre konnten sie nicht überzeugen. Was machte er nur immer falsch? Wieso hatte er ständig die ganze Schuld zu tragen? Der Gedanke, dass sie nun von einem anderen geliebt wurde und mit diesem glücklich ist, schmerzte zutiefst. Ein für ihn Fremder fuhr nun mit seinem Boot in die blaue Grotte und sie küsste neue Lippen und Eicheln. Warum war die Liebe so schnell von ihr gewichen? Was machte **the next one** *besser? Total fertig machten ihn diese Gedanken. Aber er konnte nicht weinen. Bob war blockiert. Hatte sie ihm nicht gesagt, dass sie noch nie jemanden vorher so wie ihn liebte und dass er ihr absoluter Traummann war? War sie nicht ständig eifersüchtig und versicherte unbedingte Treue? Tinkerbell war der vollen Überzeugung, dass sie beide Seelenverwandte sind. Sie zeichnete immer so eine unglaublich idealisierte Liebe, eine abgöttische Liebesbeziehung. Zugegeben, es fühlte sich auch so an. Es war irre. Der Eros zwischen beiden, gerade auch auf sexueller Ebene, war wie im LSD Rausch. Wie ein super mega Magnet. Warum hatte es nicht gehalten? Was war los mit ihrer Feldstärke? Sie war sein Koks und nun war es weg, ein anderer genoss es und er war anstatt in Capri in einer Therapie gelandet. Hast du schon mal von sowas gehört, Vergil?»*

»Sehr selten. Klingt ziemlich dramatisch«, antwortete Vergil prompt, *»auch irgendwie ungesund, nach einer nicht normalen Partnerschaft und Liebe. Aber das hatten wir schon raus. Allein wie Bob sich fühlt zeigt, da stimmt was nicht. Ich weiß nur, dass Übertreibungen nicht gut sind. Auf Augenhöhe und mit Maß und Ziel sollte alles passieren. Einfach eine gesunde Form der Liebe, aber so hört sich das hier nicht an. Hoffentlich nimmt sich Bob das nicht zu sehr zu Herzen. Irgendwann muss er doch*

mal aufwachen, zumindest das! Ich meine aber auch, dass hier eine einseitige Seelenwanderung stattfindet. Liebe hält Stress und auch mal Schmerzen aus. Gar kein Problem. Das mit seiner Tochter ist doch eigentlich nicht der Erwähnung wert. Da geht man einfach wieder aufeinander zu und klärt das. Es scheint mir, dass Tinkerbell ihre Gefühlswelt nicht kontrollieren kann, also, ich will damit andeuten, dass es ihr möglicherweise nicht bewusst ist, was sie da tut. Sie taucht von einer Gefühlswelle in die nächste und kann die davor und die Zukunft nicht erkennen. Sehr wahrscheinlich wird einer von beiden sehr krank sein. Wie ein Kind agiert sie oder jemand, der nicht rational handelt, mehr auf der Gefühlsebene. Ja, man könnte meinen sie wäre pure Hedonistin. Für Beziehungen ist das aber überhaupt nicht fruchtbar. Du musst nämlich unbedingt den Kopf mitbenutzen. Es ist ja total schrecklich und dramatisch, wenn wir uns nur von den Emotionen leiten lassen. Gefühle können gut sein, keine Frage, meistens sind es aber einfach nur kurzfristige Stimmungen. Wenn man im Leben seine Ziele erreichen will, dann ist es super wichtig, auch den Kopf die Emotionen beurteilen zu lassen.«

»Da hast du etwas ganz wichtiges erwähnt«, sagte Dr. Sokrates, *»super Einwand, mein Freund, ganz weiser Philosoph bist du. Es ist sehr ratsam die Emotionen von der Schaltzentrale, unserer Ratio auf Vernünftigkeit überprüfen zu lassen.«*

»Für Liebe gibt es keine Garantie, sie ist ein Geschenk.«
(Maria Großbauer 1980)

DER ABSTURZ

Hans zündete sich eine neue Eckstein an. Da er die anderen nicht belästigen wollte, legte er seinen Kopf in den Nacken und blies den Rauch nach jedem Zug, weit in Richtung Mond. Aber wie meistens zog der Qualm trotzdem wieder zum Tisch hinunter. Der graue Nebel von Hans zog über den Tisch. Es roch intensiv nach Tabak. Eine uralte über Jahrtausende kultivierte Pflanze. Eine Friedenspfeife rauchen war eine Option.
Ab und zu hing auch etwas Tabak an seinen Lippen, denn die Kippen waren filterlos. Dr. Sokrates trank erneut den letzten letzten Schluck aus seinem Glas und stand auf. *»Ich gehe aufs Klo«,* kam es leise aus ihm heraus.

Sein Gang hatte schon etwas Schlagseite, aber das war bei ihm Normalität. Er trank immer recht viel. Jeder hat seinen Achilles. Als Paartherapeut war er vielleicht eine Spur zu mitfühlend. Ich nutzte die Gelegenheit, flog etwas über den Friedrichsplatz und sah mir die Welt über den Wolken an. Kreiste so lange, bis ich sah, dass er wieder zurückkam, dann setzte ich mich erneut zu den Jungs auf den schwarz geteerten Boden.

»Es ist 22:30 Uhr und ich muss leider noch Dienst schieben«, sagte Hans. *»So um Mitternacht muss ich spätestens abhauen.«*

»Das passt«, erwiderte Dr. Sokrates, der sich gleich selbst vom Klogang einen neuen Monaco mitgebracht hatte. *»Hmmmm ... wo war ich ... ähh ja. Unser bekannter Freund, wollte also seine Tinkerbell vergessen, denn so langsam dämmerte ihm, dass er es ihr nie würde recht*

besorgen können. Er gab etwa 10.000 Euro pro Jahr für sie aus. Zahlte alle Urlaube und fast alle Restaurantbesuche und war auch so recht großzügig. Hier mal ein paar Schuhe, dort ein Kleidungsstück, ein Fernseher, ein Bett mit Matratze, eine Küchenmaschine und ganz viel DIY–Zeug, das er ihr baute. Bob konnte sich das erlauben, denn er hatte einen guten Job und nebenher noch so 3 bis 4 weitere kleinere Beschäftigungen. Durch die viele Arbeit konnte er recht luxuriös leben, war aber auch oft abgeschafft. Tinkerbell bekam nie genug. Sie sagte immer, ich an deiner Stelle wäre noch großzügiger. Das meinte sie in Bezug auf sich und Haben. Als Aussenstehender ist es zum Lachen. So ein bisschen wie in dem Märchen mit dem Fischer und seiner Frau. Das ist übelste Agitation und extremes materialistisches Denken. Bob kam aber nicht dahinter und war eher ein Asket, denn er lebte unter seinen Möglichkeiten. Eines Tages erreichte ihn während seiner selbst aufgelegten Isolation ein Paket von seiner Ex. Er wollte es zunächst gar nicht aufmachen, denn es trug keinen Absender und er hatte sie doch ins Reich des Vergessens gepackt. Die Neugier war aber größer und er hatte eine Vermutung, wer der unbekannte ist, oder besser die Unbekannte. Es reizte ihn, das Spiel mit dem Feuer. Was will die nach 8 Monaten oder 247 Tagen noch von ihm? Fast ein ganzes Jahr war rum und er hatte nichts von ihr gehört. Kein sorry oder ich will dich zurück oder ein liebevolles Zeichen.«

Doktor Sokrates hielt kurz inne und trank etwas. Michelangelos David lief als Reinkarnation des Gesäßes der Bedienung am Tisch vorbei und trug leeres Geschirr fort.

»Hallo Boho, bringst du mir bitte noch eine Coke zero«, rief ihr Hans hinterher.

»Gerne. Wollen Sie eigentlich überhaupt nichts trinken?«, fragte sie den Philosophen König am Tisch.

»Nein, danke. Das ist sehr aufmerksam«, antwortete Vergil.

»Bob öffnete die Büchse der Pandora«, sagte Dr. Sokrates. *In dem Karton waren Liebesbriefe, Kino Billetts, Eintrittskarten, kleine handschriftliche Zettel, Krimskrams und schwarze Rüschen-Dessous. Etwas Unglaubliches passierte mit ihm.«*

Eine Windböe brauste plötzlich stark über den Dom und trieb einige mächtige Tropfen Brunnengischt über die Tische im Café. Danach war es wieder Still. Als wäre nichts gewesen machte unser Therapeut weiter. *»In seinem Innern brach sich ein Gefühls-Tsunami seinen Weg nach draußen. Innerhalb von Sekunden war er nur noch ein Haufen Elend und Selbstmitleid. Er sank zusammen und fiel auf die am Boden ausgebreiteten Erinnerungen. Er roch am schwarzen Tanga Slip. In diesem Moment war die Arbeit von acht Monaten wie weggeblasen. Die Abhängigkeit hatte ihn wieder. Ihm war klar, alles musste seine Schuld sein. Was war er nur für ein Idiot. Er zerfloss in Tränen und Selbstmitleid. Seit dem plötzlichen Tod seines Vaters hatte er nicht mehr so viel geheult. Er schrieb und kontaktierte Tinkerbell seit diesem Moment pausenlos. Zu seinem großen Erstaunen antwortete sie prompt. In ihm entstand ein Gefühl, dass sie nicht abgeneigt ist, ihn zu sprechen. Sie hielt ihn aber körperlich auf Distanz und erklärte wie in den früheren Offs, wie unmöglich er doch war und dass das so nicht geht. Außer-*

dem hätte sie ja einen Neuen, aber das wäre kein Problem. Sie sagte dem bereits am Start, wenn sich der Ehemalige wieder meldet, bist du weg!«

»Zack – *Bob braucht seine Droge!«*, meinte Vergil trocken. *„Er ist wieder voll drauf. Das ist personengebundene Abhängigkeit in Reinkultur. Dumm, dass er die Büchse, also das Päckchen, aufgemacht hat. Damned! Das Verhalten kenne ich nur von Hans Schilderungen über Junkies.«*

»Das stimmt, ein Heroinabhängiger reagiert oft genauso«, erklärte Hans, *»wenn die nicht ultra vorsichtig sind und* **no contact** *zur Droge halten, dann sind die schnell wieder an der Nadel. Tinkerbell ist aber ganz schön gerissen. Hält sich den irgendwie warm und weiß genau, wie sie ihn wieder an die Nadel bekommt. Wenn sie doch angeblich dem anderen orakelte, wenn der Alte wieder andocken will, dann bist du weg, wieso war der dann überhaupt da frage ich euch? Es ging ihr wohl mit dem nur um die Fickerei. Was sind das für fiese Spiele und wer macht sowas? Genauso hat die das bei ihrem Ehemann auch gemacht, da bin ich mir sicher. Wenn ich noch was von meinem Ex-Freund möchte, dann rede ich einfach mal mit dem und schicke ihm keine namenlose Postsendung und vergnüge mich derweil mit anderen. Dann versuche ich das zu klären oder ich mache für immer einen Haken dran. Die Frau ist labil, das glaube ich jetzt auch. Ohne Sex kann sie nicht sein. Das ist genau wie bei den Männern, nur sagen es die Frauen nicht so direkt. Sie war einfach unterbügelt nach drei Tagen ohne Mann und hat sich halt wie schonmal einen Lover geholt. Wobei der ihr ja auch ein E-Bike kaufte. Sie nimmt gerne Krims-*

krams und zahlt dafür in Naturalien. Alles unverbindlich, denn ich bin mir sicher, sie will Bob nur zurück, weil er einfach die bessere Partie ist. Es geht hier nicht um Liebe, sondern um Bilanzen. Der Bob ist nett, cool, treudoof und vermögend. Außerdem ein schöner Trottel, der glaubt, sie mag ihn wegen seiner tollen Persönlichkeit und weil er ein guter Liebhaber ist.« Er seufzt.

»Armer Bob«, sagte Vergil, »jetzt geht das wieder von vorne los, glaube ich. Wie auf der Maimesse. Er hat sich entschieden, noch eine Runde zu drehen, und das Tontaubenschießen geht weiter. Wobei er die Taube ist.«

»Wenn ich dein bin, bin ich erst ganz mein.«
(Michelangelo 1475 - 1564)

EGO WEG

Tauben sind eine der ältesten Formen der Textnachricht. Bereits die Antike feierte diesen technologischen Fortschritt. Heute geht es eigentlich noch genauso wie damals. Die Vögel fliegen nur in Datenleitungen und Funkwellen.

»Ruh-Ruh, Ruh-Ruh«, rief es von den Dächern. Liebe Leserin und lieber Leser, für uns Tauben ist das Gurren Teil unseres Balzverhaltens. Wir machen das ganze Jahr über Nachwuchs und deshalb kann unsere Population permanent zunehmen. Es ist also wie bei den Menschen. Lassen Sie uns aber nicht zu sehr abschweifen. Wie geht es unserem Protagonisten?

Gefangen im Strudel der großen Welle, eigentlich war es nur ein harmloses Päckchen mit Erinnerungs-Plunder, die über ihm zusammengebrochen war, zog es Bob abwärts. Die Luft wurde knapp. Er gehörte wieder zu ihr und wollte ganz ein willenloser Sklave sein. Sein Selbst in ihren Händen. Bobbie war erneut Teil der Truppe von Marquise de Sade, wobei er zu den Unterworfenen gehörte. Sein Ego oder das was davon übrig war wurde nun endgültig zu Grabe getragen.

»Tinkerbell ließ ihn wie immer zappeln«, meinte Doktor Sokrates. *»Gegenüber den früheren Offs, machte sie ihn richtig klein und noch kleiner. Möglicherweise nimmt sie ihn zurück, aber dafür sollte er erst ihren materiellen Forderungskatalog erfüllen. Seine polarisierende Männlichkeit und eventuell noch vorhandene Spuren von Selbstwert und Selbstachtung sollten diesmal gänzlich*

gelöscht werden. Die Formatierung wurde gestartet. Dieses Bild, das sie von ihm hatte, sollte er erfüllen. Hier duldete sie, wie eine Katze, keine großen Veränderungen. Erst nachdem er sich bei ihrer Mutter unter vielen Tränen entschuldigt und auch sonst in ihrem Umfeld den Gang nach Canossa erfüllte und jedem klar war, dass nur er verantwortlich war für den letzten **discard** *bzw. cut, kam plötzlich der Tag, an dem sie ihn wieder zurücknahm. Formatierung succeeded.*

Morgens hatte sie ihm ein Selfie von sich in Reizwäsche geschickt. Sie wusste genau, dass er hier durchdreht und deshalb wie ein Handlungsreisender an ihre Tür klopfen würde. Wir Männer halt Leute, triebgesteuert.«

»Stimmt«, raunte Hans.

»An diesem D-Day«, fuhr Sokrates fort, *»harrte er stundenlang in der Kälte auf ihrem Balkon aus. Erst gegen Abend kam sie heim. Sie freute sich ehrlich, herzlich und nahm ihn wieder auf. In ihrer Wohnung hatte sich nichts verändert. Alle seine handgefertigten Möbel und Skulpturen und anderen Accessoires waren vorhanden. Es sah aus, als wäre er nie fort gewesen. Auch sein Gartentisch aus Metall mit ausgestanzten floralen Ornamenten, sein großer Sessel, seine Garderobe aus Alteisen, der Beistelltisch aus alten Baudielen, ein Gemälde von ihm usw. waren noch da. Insbesondere betrachtete er die zwei Engel, die er aus verrostetem Metall und Treibholz gefertigt hatte. Sie symbolisierten für ihn ihre ungewöhnliche Liebe. Believe in Love stand da. Von der Decke hing ein Mobilé gefertigt aus skurrilem gesammeltem Zeugs. In diesem Moment war er der glücklichste Mann der Welt.«*

»Glücklich, der arme Trottel«, weissagte Vergil, *»bald darf er wieder um sein Überleben kämpfen wie Kevin Flynn in dem Film Tron. Tinkerbell ist das verdammte master control program und lässt ihn einfach nicht so ohne weiteres sein Ding durchziehen. Mit Sicherheit hatte sie keinen besseren gefunden.«*

»Kenne den Film«, sagte Hans, *«Der Flynn muss sich sein Leben in Freiheit zurück erkämpfen, gegen einen übermächtigen Gegner, in Form eines Computerspieles. Der Vergleich ist gut. Hier verhält es sich ähnlich. Sehe ich auch so. Sie lässt ihn nicht freiwillig gehen. Damned!«*

»Er braucht Hilfe«, deutete Vergil an, *»und zum Glück hat er zumindest jetzt einen der besten Therapeuten und Couches an seiner Seite«*, lachte er. *»Es gibt Hoffnung.«*

Dr. Sokrates wippte geschmeichelt mit seinem Oberkörper hin und her. Vergil klopfte ihm sogar noch mit der Hand auf die Schulter.

»Okay, Leute, genug der Lobhudelei, machen wir weiter. Tinkerbell ging zum Esstisch und entsorgte wortlos einen riesigen Strauß Rosen, der dort gestanden hatte. Seinen Erfolg konnte er wirklich nicht fassen. Obwohl der neue Trobador ihr Berge von tollen Rosen zu Füßen legte, und damit wie ein Minnesänger seine Liebe zeigte und um sie warb, wollte sie lieber Bob zurück. Der Interimswirt hatte ihr sogar dieses Elektrofahrrad gekauft. Ein wahrhaft großzügiges Geschenk nach so kurzer Zeit. Bob wollte das auch, aber sie konnten sich damals nicht einigen. Jetzt hatte sie eines, das war besser für Sie wegen ihres lädiertem Knies und beide konnten wieder schöne Touren fahren. Dankbar war Bob, dass der Lückenbüßer ihr so ein teures Geschenk gemacht hatte. Vielleicht auch

noch vieles andere. Was wusste er schon? Das Bett und die gute Matratze waren aber noch von ihm und das hatte der andere ja auch genießen dürfen. Vielleicht waren ein paar Flecken dazugekommen, aber das störte ihn nicht. Hauptsache, er war wieder ein Teil von ihr.«

Hans rutschte unruhig auf seinem Stuhl hin und her und schimpfte dann einfach los. *»Das ist Selbstaufgabe, verflucht, das wird nichts. Die Alte hat nicht alle Chips upgedated. Die hat dieses Gen. Sie will nur seinen Vitalsaft und versorgt sein. Das ist alles und kuschen soll er noch, wie ein Hündchen. Was ist bloß los mit Bob, dass er nicht merkt, dass das alles Hokus Pokus ist? So gut kann keine im Bett sein, dass du dich so aufgibst. So ein Trottel und verdammter Idiot!«*

Hans hat wohl etwas zu laut geflucht, denn am Nachbartisch dreht eine ältere elegant gekleidete Dame missgünstig den Kopf in die Richtung der drei.

»Wenn er ihr auch jeden Wunsch erfüllt«, fährt Vergil dazwischen, *»sie wäre nicht zufrieden. Alles würde sie nehmen und ihn dann fallen lassen wie eine heiße Kartoffel. Ich denke mal, sie ist der Typ, der dich sofort verstößt, wenn du ihr deine ganze Habe gibst, so kommt mir das vor. Ich bete zum Allmächtigen, dass er das nicht auch noch tut, der Samariter. Hier kann ich wirklich keine reife Liebe feststellen, von ihrer Seite. Auf dem Tisch stehen noch Blumen vom Ex und der alte Ex-Ex sieht das. Für die Rosen bedeutet das den Exitus. Und für Bob wahrscheinlich einen weiteren Exodus. Ich glaube sie wollte das auch so. Sie zeigt Bob damit, dass sie jederzeit einen findet. Trotzdem ist das mehr eine Verliebtheit, aber die hält keinem Stürmchen stand, fühlt sich aber toll an. Liebe*

lässt den anderen nicht hinhalten oder hält ihn auf Distanz. Liebe lässt den anderen sich entfalten und verlangt nichts. Tinkerbell liebt weder Bob noch irgendjemanden tief. Aber das soll ihr auch nicht zum Vorwurf gereichen.« Vergil faltete die Hände wie beim Sonnengruß und verbeugte sich lächelnd in Richtung Tischmitte und blickte zu der Dame.

»Wieso sind wir Männer«, sagte Hans aufgeregt, *»in Wirklichkeit solche Waschlappen. Wir führen Kriege, aber sobald es nach Pelz duftet, setzt unser Verstand aus.«*

»Nun«, mischte sich Dr. Sokrates ein, *»das ist ein Fakt. Wie ein Naturgesetz, würde ich meinen. Die Damenwelt kann uns locker um den Finger wickeln, denn es herrscht Damenwahl. Wir haben da nur wenig Einflusss drauf und sind eher wie diese Paradiesvögel. Dem ist eigentlich von meiner Seite nichts hinzuzufügen, außer vielleicht, dass sich bei der Liebe die Seelen beider Partner verbinden. Nichts kann zwei Liebende deshalb auseinanderbringen, nur ganz schlimme Tabubrüche oder* ***Dealbreaker*** *und die sollte man deshalb unbedingt vermeiden. «*

»Die Liebe bewegt die Sonne und andere Sterne.«
(Dante Alighieri 1265 - 1321)

ORGIE ZU ZWEIT

Die Lichter der Großstadt verhinderten, dass die dunkle Nacht ihren eigentlich sicheren Erfolg davontragen konnte. Doch das war trügerisch, denn die Gesetze der Natur sind intakt, auch wenn sie nicht eindeutig zu erkennen sind. Zu stark war die Lichtverschmutzung. Nacht und Tag sind in einem perfekten Gleichgewicht und wechseln einander ab. Es ist wie Tod und Wiedergeburt oder Ebbe und Flut oder Nähe und Distanz. Alles lebt vom Auf und Ab, dem Werden und Vergehen. Das Universum befindet sich in einem ständigen Kampf. Eine Partnerschaft braucht alle Elemente in einem vernünftigen Mix. On bedeutet off und off bedeutet on. Es ist wie eine Sinuswelle. Die Partnerschaft gleitet auf dieser Liebeswelle entlang.

»Wollen Sie noch einen Monaco?«, fragte Boho ganz liebenswürdig.

»Nein, im Moment nicht, da ist ja noch ein kleiner Schluck drin. Ich brauche mal etwas zum Verdauen.« Der Doktor reibt sich zur Bekräftigung mit der Handinnenseite auf seinem Hemd über seinen Bauch. *«Bringen Sie mir einen Lagavullin, bitte. Hans, möchtest du auch einen?«*

Hans drückte seine Kippe im Aschenbecher aus, danach presste er den Schleuderknopf und mit einem irren Dreh war alles verschwunden und es sah aus, als hätte niemand geraucht. Wie nach dem Sex, wenn erschöpfte Paare nebeneinander liegen und niemand, der nicht dabei war, sagen könnte, was die letzten 5 Minuten abging.

Er nickte, brummte etwas, das wie eine Zustimmung klang, und Dr. Sokrates bestellte ihm auch einen der torfigsten Whiskeys der Welt. Beide waren Fans von Single Malts. Hans aber erst seit kurzem.

»*Machen Sie bitte zwei*«, säuselte der Doktor Boho ins Ohr, als wäre es eine Liebeserklärung. *»Und bringen Sie uns etwas Wasser dazu, bitte.«*

Dann wandte er sich den anderen zu, holte sie mit einer Handbewegung näher zur Tischmitte und sprach leise: *»Ich brauche nicht zu erwähnen, dass Bob seinen gefühlt besten Sex der Welt hatte. Es war wie Trockenbeerenauslese. Das Jahr ist rum, das Wachstum längst vorbei, die Blätter herbstlich bunt gefärbt, deine Trauben runzelig, der Frost hat dich im Würgegriff und trotzdem wird es zuckersüß. Durch die lange Trennung und der Tatsache geschuldet, dass er schon ein Dreivierteljahr keinen echten Verkehr mehr hatte, war er extrem overloaded und überreizt. Tinkerbell fühlte sich für ihn an wie die Atacama. Sie brauchte Wasser – dringend. Ihr letzter Wirt war wohl nicht so gut. Außerdem war er nun so unterwürfig wie noch nie. Bob war zum perfekten Co-Abhängigen mutiert. Tinkerbell hatte auf ganzer Linie gewonnen? Wie, wenn Bayern 30 zu Null im Pokal gegen einen Drittligisten spielt. Einfach gewiefter war sie und er hatte sich zu fügen. Die unangefochtene Domina und Bob, ihr willfähriges Opfer. Und die Übung wollte Bobbie diesmal nicht wieder »verkacken« und deshalb hatte er sich vorgenommen, 1000 Prozent zu geben. Wie ein Blitz wollte er in sie fahren und nie mehr hinaus. Seine Spannung würde für immer andauern. Eine komplette Entladung war nicht möglich, denn er liebte sie zu sehr. Es wäre doch ge-*

lacht, wenn er das nicht hinkriegen würde. Hatte er doch auch studiert, war schon mehrere Marathons gelaufen, hatte ein paar Abrisshäuser saniert, mit Millionenbeträgen jongliert und kletterte auf hohe Berge. Bob begehrte und liebte sie mit jeder Faser seines Herzens. Das musste er ihr nur diesmal richtig begreiflich machen. Die Leidenschaft ist die Sprache der Liebe und das wollte er ihr diesmal so richtig einhämmern, dass sie es nie mehr vergisst. Noch im Stehen zog er sie rasch aus und saugte den Duft ihres Körpers tief ein. Überall steckte er seine Nase rein, um sie zu inhalieren wie »Schnee«. Das erste Mal vögelte er sie noch im Wohnzimmer auf dem alten schäbigen weißen Holztisch. Hier gab er noch den Takt vor. Danach kam ihre Show. Bob sollte sich auf den kalten Steinboden legen und sie setzte sich auf sein Gesicht und befahl ihm, dass er sie sauber leckte. Darauf stand sie ganz besonders. Sie liebte es, wenn er geschockt von ihren Aufgaben war. Manches wollte er nicht mitmachen, da wurde sie vehement und grob. Oft musste er Tinkerbell bremsen, gerade beim ballbusting und anderen Geißeln der Menschheit musste er vor Schmerzen oft laut schreien. Wie seine Herrin so über ihm kniete, fließt ein Rinnsal von Sperma und Venusmuschel Wasser aus ihrer Vulva direkt auf seine Zunge. Er genoss jeden Tropfen, saugte und schlürfte wie bei einem edlen süßen Portwein. Bei Süßigkeiten wurde er schwach. Zum Dank leckte er das A, B, C auf ihrer Perle, bis sie explodierte. Das ganze Alphabet machte er hierbei durch, mehrmals, inklusive der Umlaute. Sie war der Typ Frau, die eine weiße cremige Flüssigkeit ejakulierte. Alles naschte er in sich hinein und fand es toll. Was von ihr kam, war für ihn so wertvoll wie ech-

tes glänzendes Aurum. Die ganze Atmosphäre war ein orgiastischer Rausch. Surreal und jenseits jeder gängigen Ordnung und Vorstellungen, wie bei René Magritte »In die Liebenden« oder wie früher beim Ablecken von Hoffmännern 2000. Das nächste Mal nahm er sie von hinten im Stehen, das war ihre Lieblingsposition. Seine Hüfte klatschte auf ihren Arsch und es klang wie beim Schlussapplaus im Theater. Ihr Po wurde immer röter von seinen harten Stößen. Wenn er mit ihr fertig war, sollte sie einige Tage nicht ordentlich sitzen können. Nach der Standnummer gab es erstmal eine Pause. Zur Stärkung tranken beide eine Flasche spanischen im Barrique ausgebauten organic Tempranillo. Dann folgte stundenlanges Küssen, mit unablässigen Liebesbekundungen. Tinkerbell liebte es, intensiv zu küssen, und er mochte am liebsten tropische Zungenküsse. Die Lippen brannten und ihre Gesichter und Shirtkrägen waren feucht. An seinem Hals gab es keine trockene Stelle mehr, dafür einige dunkelrote und violette Flecken. Sie hatte diese brutale Eigenart von Franz Biberkopf aus der Serie Berlin Alexanderplatz. Wie dieses Phänomen Milchtritt und Nuckeln bei Katzen. Mit dem bauchigen Rotweinglas in der Hand rutschte sie vom Liegesofa runter auf die Knie. Es war Zeit für französisch, das spürte er. Seine Herrin wollte das so. Auf ihrer niederen knallroten Ledercouch saß er und hatte ebenfalls sein Glas noch in der Hand. Zum Schutz ihrer Gelenke legte sie ein Kissen unter die Kniescheiben. Mit kräftigem Griff drückte sie seine Beine auseinander. Hierbei spritzte etwas Rotwein auf seine Oberschenkel. Tinkerbell goss noch mehr Traubensaft in seinen Schritt und leckte alles fein säuberlich wieder ab.

Mit breit auseinander klaffenden unglaublich durchtrainierten Oberschenkeln saß er vor ihr voller Erwartung auf einen guten Blowjob. Tinkerbell war immer ganz heiß auf seinen Vitalstoff. Das fand er spitze, denn so viele Frauen hatten bei ihm schon geblasen, aber nicht gegessen. In den Mund spritzen geht bei den meisten, aber dann rennen die plötzlich weg und spucken es ins Klo. Was für eine Verschwendung und negative Botschaft! Langsam fängt sie an seinen schon etwas in Mitleidenschaft gezogenen Kelch zu polieren. Nachdem er wieder schön hart glänzte, bewegte sie ihren Kopf rhythmisch auf und ab. Seit acht Jahren flötete sie seinen Schwanz. Am Anfang machte sie es nicht so gut. Es war ähnlich wie beim Küssen. Es fehlte das gewisse Etwas, der Kick, alles wirkte so mechanisch und kühl bei ihr. Mittlerweile war sie aber eine Meisterin geworden. Das war kein leichter Weg, denn wie immer war sie sehr bockig und wollte nichts annehmen. Sie sahen sich dann gemeinsam Lehrvideos an und studierten Ratgeber, was den Erfolg brachte. Noch war es verbesserungsfähig, das wusste er aus Erfahrung, aber trotzdem schon richtig geil. Ihm ging es ja um Liebe und die machte alles wett. Manche ihrer Tricks waren aber wirklich cool, zum Beispiel, indem sie seine Eier knetete, schlug und abschnürte. Manchmal waren die Qualen nicht auszuhalten und seine Nüsse blau danach. Aber es gehörte dazu, wie die Milch in den Kartoffelbrei. Mit der Hand machte sie jetzt so eine Spiralbewegung, wie beim Korkenzieher, um seinen Stab und ihr Mund bewegte sich ganz eng um seine Spitze. Zu dem normalen wohligen Gefühl, das beim Rubbeln entstand, gesellte sich irgendwann urplötzlich ein weiteres viel intensiveres, das durch den Unterdruck ihres Mundes und die raue Zunge auf seinem Glanzpenis ausgelöst wurde. Am ehesten passte der Vergleich mit Reizstrom, als würde elektrische Energie durch seinen Kolben fließen oder wie bei einer Allergie, wenn alles unerträglich juckt und brennt. Wie wenn Tinkerbell mit jedem Hub statische Ladung produziert und sein Teil wie eine Leidener Flasche aufgeladen wird. Exponentiell nahm seine Spannung und Lust zu. Dann, zu einem bestimmten längst herbeigesehnten Zeitpunkt, brach mit großer Wucht die Welle an seinem wild zuckenden Leuchtturm und Funken sprühten bei seiner schnellen Entladung. Ein kurzer lauter heiserer Schrei und danach langes stilles Stöhnen waren Teil der äußerlichen Symptome. Die ganze Spannung wich aus seinem Körper und er sackte leicht in sich zusammen. Diesmal war sie an der Reihe, das wenige, was noch rausschoss, zu genießen. Tinkerbell quetsche ihn aus wie eine Tube 3-fach konzentriertes Tomatenmark, nur um sich dann zu erheben und ihm einen unglaublichen Zungenkuss zu verpassen. Das ganze Sperma zerfloss auf ihren Zungen wie Eiscreme, tropfte auf die Lippen, die Wangen und wurde immer wieder abgeleckt, geschluckt und mit Speichel versetzt bis zum Schluss nichts mehr übrig war. Beide sanken erschöpft auf die Couch und genehmigten sich eine neue Flasche dunkelroten Wein. Diesmal wählte Bob aus dem Fundus in der Küche einen dunklen nach Kirschen und Schokolade duftenden Primitivo aus. In der Zwischenzeit erklang die gehauchte samtige Stimme von Sade aus einem Handy. ... So hold on in the middle of madness, when the time is running out and you're left alone ...«

Hans und Vergil blieben stumme Zuhörer. Zumindest Hans wirkte baff und hatte leicht gerötete Wangen. So was hatten sie noch nicht gehört, geschweige denn selbst erlebt. Das war der Vorteil eines Paartherapeuten.

Sokrates machte weiter. »*Beide schworen sich ewige Treue und Bob versprach ihr alles, was angeblich auch der andere, der jetzt zum Glück Geschichte war, versprochen hatte. War das* ***future faking****? Ein Haus, Ringe, Heirat, Geld, Herzenswünsche, Komplementär-Narzissmus und* ***Heteronomie****. Bob erklärte, dass er ihr gehörte. Schwor das alles voller Inbrunst und glaubte es auch wirklich in diesem Moment. War überzeugt, dass es gut war, schön und der richtige Weg. Nach einigen Schlucken frischem Stierblut aus Sizilien kam neuer Tatendrang in Tinkerbell. Für eine Frau vertrug sie sehr viel. Eigentlich hatte er bei ihr, auch nach großen Mengen Alkohol plus Drogen, noch nie Ausfallerscheinungen bemerkt. Nur einmal bisher war sie so benebelt und drauf, dass sie, während er sie bumste, brechen musste. Wie sie vom Klo auf allen vieren zurück in Schlafzimmer kam, roch sie säuerlich. Sie wirkte ziemlich alle und schlapp. Um ihren Mund klebten kleine Stücke ihres Mageninhaltes. Sie sah richtig übel aus. Es war animalisch und widerlich zugleich. Damals fühlte er sich wie Charles Bukowski und legte sie trotzdem flach. Eine der wenigen Momente, wo er Chef war.*

Jetzt befahl sie ihm, in ihre Dusche zu gehen. Hier musste sich Bob hinsetzen und ganz klein machen, klitzeklein, klitzeklein. Das Bad war sowieso mini. Mit ihren langen Beinen kam sie über ihn und ein kleiner warmer güldener Schwall Natursekt ergoss sich über seine Brust.

Es war angenehm warm und roch so vertraut. Alkohol-Pipi mochte er am liebsten. Langsam wanderte ihr Strahl höher und sie befahl ihm den Mund weit zu öffnen und ihren Schritt zu küssen. Vom Rotwein konnte er nichts mehr herausschmecken. Er war gänzlich verkocht wie bei einem coq eu vin aus dem Burgund. Ununterbrochen redete Tinkerbell unflätiges Zeug auf ihn ein. Es fielen solche Sätze wie »schmecke ich gut?« oder »das hast du dir verdient, mein kleiner Gladiator« oder »geh zwischen meine Beine« oder »du gehörst mir und ich mache mit dir, was ich will« oder »lecke mich sauber« oder »spritz auf meine Brüste« oder »wichse jetzt, aber komm nicht, bevor ich es dir erlaube« oder »fick mich hart« oder »du kannst jetzt aufstehen und mitkommen« usw. Sie hatte ein unglaubliches Repertoire. Einige winzige Schlucke Natursekt gönnte er sich, denn er wusste noch genau, was er zu tun hatte bzw. was von ihm verlangt wurde und er wollte die Meisterin nicht aufbocken.«

»Eine abartige Frau …«, sagte Hans und schüttelte sich angewidert und lachend zugleich. *»Das ist doch keine Ölmassage, auch wenn es sich so warm und weich anfühlt. In den Pornos haben die wenigstens vorher literweise Wasser getrunken und da kommt auch nur noch Klares raus. Naja, Alkohol geht vielleicht auch irgendwie, aber Spargel, das wäre übel.«*

Vergil wollte auch noch was einwenden. Aber er kam nicht dazu.

»Es kommt noch heftiger«, unterbrach ihn Dr. Sokrates mit ernster Miene. *»Also je nach Standpunkt. Ihr Bad muss wohl ziemlich klein sein, denn Bob liegt sehr verbogen in der Duschtasse und klagte bei mir über Rücken-*

schmerzen, die er danach regelmäßig hatte. Eine Badewanne hat sie nicht. Erst als sie fertig ist und sieht, dass sein Goldfinger wieder zu gebrauchen ist, erlaubt ihm seine Gebieterin sich aufzurichten. Sie holt eine kleine Pumpflasche Bio-Duft- und Massageöl unter einem offenen Schränkchen beim Waschbecken hervor. Damit reibt sie Bobs Penis dick ein, es tropft von seiner Spitze auf den Boden. Mit ihren stahlblauen Augen durchbohrt sie ihn und wispert in sein Ohr »Kehre meinen Hinterhof, aber vorsichtig und gründlich. Ich will nirgendwo noch Dreck sehen.«

Nun ertränkt sie ihr Hinterteil in Pflanzenöl, nimmt ein dickes Handtuch vom Haken, kniet sich auf den Klodeckel und reckt ihr Gesäß weit nach oben, gleichzeitig zieht sie mit den Fingern den Anus auseinander und schmiert ihn vor. Das Tuch dient als Schutz. Das ist wohl ihren Knieproblemen geschuldet.«

»Kein Wunder, dass die kaputte Kniegelenke hat«, redete Vergil jetzt dazwischen. *»Viele Leute verletzen sich sogar beim Sex. Ich hatte mal einen Freund, der schob sich immer so Sachen in die Harnröhre, bis er es übertrieb und die Teile nicht mehr rausbekam. Dann musste er in die Klinik. Das war ihm mega peinlich«*, reflektierte Vergil. *»Ich habe da nie mitgemacht, denn für mich war an dieser Stelle Schluss. Das ist doch krank!«*

Hans kam aus dem Schütteln nicht mehr raus. Man konnte fast glauben, dass er Schüttelfrost bekam. Homos waren nicht sein Ding. Lesbisch, das war ok. *»Ich kann mit solchen Geschichten nicht dienen. Ich steh auf normalen Blümchen Sex. Nur ein Bekannter bekam mal von seiner Gemahlin eine Rippe gebrochen, denn er war ein*

Spreißel und sie richtig kräftig und beim Reiten knackste es.« Er lachte. *»Das ist ein witziges Paar. Ich selbst stehe eher auf ganz normalen Verkehr. Zwar mit so richtigen Ludern, aber nichts Akrobatisches oder Perverses und schnell sollte es gehen. Ich hasse das Vorglühen, das mag ich nur beim Diesel. Bin aber trotzdem dafür, jedem Tierchen sein Pläsierchen. Ich habe mal eine durchgevögelt, ganz wild und schnell. Später meinte die, hast du meinen Tampon rausgenommen vorher. Hatte ich nicht. Ups! Ich spürte nichts. Das Teil war verschwunden und sie ging am nächsten Tag zum Gynäkologen und der fand es wieder.«*

Der ganze Tisch brüllte und quietschte. Wenn eine Gruppe Männer sich so gut unterhält, wissen alle, worum es geht. Dementsprechend verhielten sich die anderen Café-Gäste. Egal.

»Ich denke Gynies können damit umgehen und sehe das ähnlich wie du, Han Solo«, sagte Doktor Sokrates. *»Ich finde, jeder soll tun und lassen, was ihm Spaß macht. Nur Fremdvögeln ist ungesund. Ich mache mal weiter mit Romeo und Julia. Der übermäßige Rebensaft-Konsum und die Glückshormone machten beide willenlos. Beim ersten Vorstoß in die Schokoladenfabrik blieben die Tore verschlossen. Aus diesem Grund baute sich Tinkerbell jetzt erstmal noch einen Joint. Ab und zu blies sie ihm den Rauch ins Gesicht und er musste husten. Es roch sehr würzig und süßlich zugleich. Das THC senkte ihren Blutdruck, das Herz gab Gas und die Muskeln erschlafften. Bob sollte es ihr jetzt von hinten besorgen. Sie hatte einen super H-förmigen Po für ihr Alter und er spürte wieder diese Dankbarkeit dafür, dass er hier und jetzt ihre Alpen*

besteigen durfte. Was war er doch für ein Gewinner. Freudentränen rannen ihm über die Wangen und er schluchzte leicht beim Luft holen. Zur Ablenkung haute er ihr ein paar mal mit dem Handrücken knallend auf die immer noch geröteten Backen. Das ist so ähnlich wie beim Blut nehmen. Tinkerbell wurde ungeduldig, denn sie langte nach hinten, nahm seine Stabtaschenlampe und zog sie in Richtung ihres Höhleneingangs. Mit dem Daumen der linken Hand öffnete er Vorsicht ihren Schließmuskel, diesmal ging es besser, gleichzeitig hielt seine rechte Hand seine Eichel fest umschlungen. Jetzt zwängte er den Lamellenverschluss zum Auseinandergehen. Sie jammerte und keuchte etwas. Ihr Loch war enger geworden. Er bildete sich ein, dass der andere Ritter kein Höhlenforscher war. Wenn die Spitze mal im Anus bis über den Eichelring steckte, dann war es geschafft. Rein raus, rein raus, es schmatzte und gluckste, einfach wahnsinnig, wie eng sich das anschmiegte. Mehrmals rammte er ihn bis zum Anschlag rein. An den Seiten ihres Schließmuskels, die sich eng an sein Rohr pressten, bildete sich ein Ölfilm, so dicht saß sein Passstück. Es fühlt sich so toll an, dachte er. Bob war im siebten Himmel. Wie Globi im Schlaraffenland. Nachdem er ihre Muffe etwas gedehnt hatte, legte er richtig los. Wie ein Specht klopfte er in ihr rum und klatsche mit seinen etwa 95 Kilo auf ihren immer malträtierteren Hintern. Der Boden war vom vielen Öl ganz rutschig. Die nächste Zeit kannst du nur noch stehen, wusste er. Dann würde sie zumindest nicht vergessen, dass er back ist. Mit der linken Hand stützte sich Tinkerbell an den Fliesen ab, damit sie nicht vom WC-Deckel fiel, und mit der rechten rieb sie ihren Kitzler. Al-

les törnte ihn dermaßen an und außerdem war er immer noch so geil, dass er bald kam. Zu schnell, wie sie meinte. Genau neben ihrem Arsch war das Waschbecken und da wusch er sich nun seinen Penis. Sie beobachtete ihn dabei und herrschte ihn dann an, zum Ende zu kommen, und dass er sie zur Strafe nochmal lutschen musste. Bob wusste, es gab hier keine Widerrede oder Verhandlungsspielraum. Hopp oder Topp! Er hatte sich freiwillig für dieses Schicksal entschieden. Sie ging kurz aus dem Badezimmer und kam mit einem chromfarbenen Zappelphilipp zurück. Den Dildo sah er zum ersten Mal. Sie musste sich das Toy wohl in der Trennungsphase zugelegt haben. Naja, vielleicht war der andere nicht so potent, machte zu schnell schlapp oder sie fing an, noch mehr auszuleben und neue Erfahrungen zu sammeln. Mit der rechten Hand bediente er ihren neuen elektrischen Freund, der leise surrte und vibrierte, alles war selbsterklärend und mit der linken knetete er ihre Brüste, während seine Zunge wieder Buchstabensalat schrieb. Ab und zu biss er in ihre Perle, rubbelte oder drückte sie fest. Sie stand mega darauf, was er tat. Auch ihre Brustwarzen vertrugen es, so richtig gekniffen zu werden. Ihm tat das manchmal weh, aber das machte er ihr zu liebe. Langsam wurde ihr Blick starrer, sie zitterte und ihre Hände gruben sich in sein Haar. Sie riss an seiner Kopfbedeckung und ihm war klar, dass er jetzt richtig schnell mit seiner Zunge sein musste und zeitgleich rhythmisch den rosa Diamant saugen. Es gab insgesamt so vier immer stärker werdende Wellenbewegungen bei ihr. Er kannte jede Phase ihres Orgasmus-Bauplanes. In seinem Kopf war eine Bedienungsanleitung für ihre Leidenschaft eingebrannt. Dabei war es wichtig, immer wieder eine kurze Pause einzulegen, um dann wieder richtig Gas zu geben. Jedesmal etwas schneller, einen Gang höher. Beim dritten Mal kam dann dieser Moment wo er vollen Einsatz brauchte. Ihre große Perle wurde nur von der rauen Stelle seines Waschlappens eingesaugt. In diesem Vakuum gab er maximalen Druck auf ihre harte und geschwollene Knospe, das silberne Spielzeug vibrierte selbstständig in ihrer Muschel und dann wie er zum x-ten male das 200er-Nass-Schmirgelpapier über das Ebenholz zieht, kommt die Kirschblüte. Überall ein Meer von kleinen rosa Blüten, er war richtig erschöpft, die Lippen schmerzten vom Körpereinsatz, kleine Blitze zuckten vor seinen Augen und Tinkerbell stöhnte laut auf und rief seinen Namen. Bob, du gehörst mir, mir, dein Schwanz gehört mir und nur mir darfst du es besorgen. Tinkerbell zitterte eine Weile am ganzen Körper, um dann laut und bestimmt zu sagen: Antworte. Ich gehöre dir, antwortete er sinngemäß. Bob wusste, das ist wahr. Er war ihr Besitz. Es war ihm recht, denn nur sie wusste, was gut für ihn und fair war. Beide gingen nach dieser Nummer kurz unter die Dusche und wuschen sich nur mit Wasser gegenseitig ab. Danach trafen sie sich auf der Terrasse wieder. Tinkerbell qualmte. Der Garten war sehr schön. Er lag auf der Rückseite des Hauses und war nur durch ein Nachbarhaus einsehbar. Tinkerbell hatte ihnen beiden zwei Aperol Spritz mit etwas Sprudel gemixt. Das war eines ihrer Lieblingsgetränke. Sie saßen nun zufrieden und glücklich in einem großen Korbstuhl und genossen den würzigen Duft ihrer Körper nach Sex, Kirschen und Glückshormonen.

Vergil und Hans waren platt, sowas hatten sie noch nie gehört. Da verschlug es selbst ihnen die Sprache. *»Das ist eine Beziehung wie ein Fallschirmsprung«,* sagte Vergil nach einiger Stille.

»Bzw. Kamikazeflug«, ergänzte Hans.

Auf dem Dach des Wasserturmes stand eine aus Bronze gearbeitet Figur der Amphitrite als Wächterin und Prophetin, seit über hundert Jahren mit ihrem Dreizack, und symbolisierte den Zauber und das stille Wesen des Wassers.

»Liebe ist die einzige Sklaverei, die als Vergnügen empfunden wird.«

(Georg Bernhard Shaw)

DER GEMÜSEEINTOPF

Vergil war ziemlich aus dem Häuschen. Er nahm einen Schluck Coke Zero von Hans. *»Bob hat sich wohl aufgegeben in der Partnerschaft und ist Tinkerbell ganz verfallen. Das sehe ich oft in Beziehungen. Stellt sich nur die Frage, wie lange das gut geht und ob er nicht doch irgendwann draufkommt, was hier gespielt wird«*, sagte Vergil nüchtern und fuhr fort: *»Ich habe auch das Gefühl, dass sie ihr Blatt überreizt. Sie treibt es auf die Spitze, bis er nicht mehr kann. So oder so kommt das jähe Ende. Wenn der Schmerz zu groß wird, dann kommen die Leute wieder in einen Aktivitätsmodus. Aber wahrscheinlich ist ihr das egal. Männer gibt es so viele auf den Straßen. Wenig Gescheites, aber das macht ihr nix! Bin gespannt, wie lange der Bob das diesmal aushält.«*

»Ich kann das nicht glauben«, sagte Hans. *»Ich habe höchstens alle halbe Jahre mal Lust auf ne ordentliche Knallerei. Also mir reicht wenig und es lässt im Alter immer mehr nach. Aber dein Patient, ich denke, das geht nicht gut aus. Die Sache ist einfach zu zügellos. Kann es sein, dass hier die Bumserei der Kit ist, der alles zusammenhält? Ich kannte mal eine, die wollte, dass ich ihr alles in die Muschi stecke, was reinging. Wir machten den ganzen Gemüsegarten durch. Große Freude hatte sie später daran, das Zeug danach zu kochen. Oft gab es deshalb Gemüsesuppe. Mir hing das schon zum Halse raus. Sie war eine Schweizerin mit italienischen Wurzeln, eine super eloquente Frau, für mich zu gescheit und auch zu*

potent. Die hatte einen mega Job in einem großen börsennotierten Unternehmen. Sie war so ehrlich und sagte mir alle ihre Fantasien und eine davon war Sex mit Tieren. Sie wollte unbedingt mal von einem Hengst gevögelt werden. Ich wusste gar nicht, wie ich das anstellen sollte, da habe ich ihr einen großen Rettich gekauft.«

Am Tisch herrscht großes Gegröle. Am lautesten lacht diesmal Dr. Sokrates.

»Die modernen Frauen«, sagte er und lacht immer lauter, *»probieren alles aus. Gut so!«*

»Gurken«, gab Vergil belustigt zum Besten, *»sind wohl auch beliebt.«*

Die Jungs konnten nicht mehr vor lachen und erfanden noch viele Beispiele. Eine reine primitive Männerrunde und über was werden die schon lachen, dachten sie wohl an den anderen Tischen.

Hans und der Doktor stießen mit ihren Noising-Gläsern an. *»Kling - Klang, Prost.«* Wie flüssiger Bernstein schimmerte das Malt Destillat darin.

»So geil nach Torfboden schmeckt das Zeug. Es ist gewöhnungsbedürftig, aber ich finde es super. Es erinnert sehr an meine Kindheit. So roch das rote brennende Jod, was sie dir immer auf die aufgeschlagenen Knie machten«, erklärte Hans. *»Was ich zu meinem Schweizer Mädel noch sagen will, ich machte Schluss, weil es einfach zu viel war. Die war mir über in fast allem. Es passte nicht. Aber ich denke noch oft an sie, denn sie war bestechend ehrlich. Du wusstest genau, woran du bist. Sie teilte auch ihre negativen Seiten schonungslos mit.«*

Vergil deutete an, dass er schon als Jugendlicher wusste, dass er anders ist, und ganz klar wurde das bei der

Bundeswehr. Er war hier als Sanitäter eingesetzt. In seinen Beziehungen ist er immer der Mann, also der dominante und lässt sich deshalb nicht von hinten f..., sondern er macht das bei seinem Partner. Blasen wäre aber seine Leidenschaft und am liebsten ist ihm beides gleichzeitig.

»69 finde ich auch super«, erwiderte Hans, *»so ist jeder beschäftigt, keiner kommt zu kurz und es wird mir nicht langweilig. Das ist die fairste Stellung. Aber ich will immer auf dem Rücken liegen.«*

„Jungs, die Zeit rast, wir kürzen das hier ab«, unterbrach Dr. Sokrates energisch, *»es ist schon ziemlich spät und Hans muss gleich gehen, oder wir holen Boho an den Tisch als Ersatz für ihn.«*

»Dann bleibe ich, wenn die sich zu uns setzt und rufe an, ich hätte plötzlich Durchfall bekommen«, brachte Hans ein und lachte dabei.

»Können wir nicht lieber den Barkeeper an den Tisch bitten«, bekräftigte Vergil. *«Wenn er geht, das ist auch fair, denn Hans ist ein Kerl und der Typ ist super cool und schwul, glaube ich.«*

»Ich mache einfach mal weiter«, äußerte Doktor Sokrates ungeduldig, *»Bob musste über zehnmal ran in dieser Nacht. Sie hatte noch ein paar Besonderheiten drauf. Eine davon war, mach mir den Marathon-Mann oder behandle mich wie Zampano. Hier wollte sie richtig brutal und so schnell wie möglich gebumst werden. Bob erzählte, dass er rammelte wie ein Karnickel, der Puls ging gefühlt auf 200, er keuchte und schwitzte, dabei hielt er sie fest umklammert und sie schlug, kratzte und redete wild auf ihn ein. Das andere war ein deep throat. Sie konnte seinen Penis bis zum Anschlag reinnehmen. Hierzu legte*

sie sich rücklings auf den weisen Esstisch und legte den Kopf in den Nacken. So funktioniert es anatomisch am Besten. Bob meinte, die war eine gnadenlose Sexaholikerin. So viele Orgasmen konnte sie ab, da war als Mann nur schwer hinterherkommen. Einen Vorteil gab es bei ihr, sie kam sehr leicht zum Höhepunkt, wenn man es richtig anstellte, und nach kurzer Erholung, am besten man wartete nicht zu lange, konnte sie sofort wieder kommen. Dann ging es viel schneller. Manchmal hatte sie bis zu 20 Orgasmen, danach war sie dann aber wie ein entgleister Zug, schlaff und platt. Zu nichts mehr zu gebrauchen. Sie trank dann noch Wein oder zog sich noch eine Tüte rein und pennte.«

»Es gibt nichts Schlimmeres als verklemmte Weiber«, erwiderte Hans, *»die nicht nass werden oder keinen Sonnenaufgang bekommen. Die machen auch sonst nur Stress. Meistens sind die ganz verspult. Ich hatte mal eine, die wurde nie feucht und gelacht hat sie auch fast nicht. Total ernst war die immer. Sarkasmus, das hatte sie drauf und obwohl sie so »desert (trocken wie eine Wüste)« war, wollte sie trotzdem kein Gleitmittel verwenden und ich musste sie so arg malträtieren, dass ich irgendwann aufhörte und mich lieber trennte. Das war mir damals zu heftig. Ansonsten war die aber super. Sie hat mir überall einen geblasen. Ständig hing die in meinem Schritt. Manchmal haben die Leute das mitbekommen. Einmal hat die mir während der Autofahrt einen geschrubbt und eine junge Frau in der Straßenbahn sah das und lachte mich an.«*

»Was meinst du mit malträtieren?«, fragte Dr. Sokrates nach.

»Naja, so SM-Zeugs wollte die und das schmerzte mir beim Ausführen schon. Ich habe keine Ahnung, wie die das ausgehalten hat und dass ihr das Lust bereitete«

Die Miene von Vergil sprach Bände.

»Ok, da fällt mir wieder fifty shades ein«, informierte Dr. Sokrates. *»Hören wir unserem gefallenen Engel weiter zu. Bob erzählte mir, dass sich sein Kolben zum Schluss anfühlte wie eine schlaffe Gurke, aber sie holte mit Handbetrieb und flashlight noch mehrmals eine Ladung raus. Eigentlich kam nur noch heiße Luft. An manchen Stellen war die Haut verletzt. Es waren Brandflecke oder so. Nach einiger Zeit bildete sich hier Schorf an seinem Penis. Das passierte ihm bei Tinkerbell häufiger.*

An diesem Abend fühlte er sich ihr so nah wie noch nie. Er wusste, er würde sie heiraten. Er war nicht perfekt, hatte viele Fehler und sie war schwierig und mit Sicherheit anspruchsvoll, und nicht ganz einfach zu handeln, aber mit viel, viel, sehr viel Liebe, mit grenzenloser und aufopferungsvoller Hingabe bzw. Energie wollte er sie dieses Mal von sich begeistern.

»Man soll lieben, so viel man kann, und darin liegt die wahre Stärke, und wer viel liebt, der tut auch viel und vermag viel, und was in Liebe getan wird, das wird gut getan.«
(Vicent van Gogh 1853 - 1890)

DIE HERZKÖNIGIN

Dr. Sokrates nahm das Nosing Glas und steckte seine Nase tief rein, nachdem er es zuvor heftig kreisen ließ. Am Rand bildeten sich schöne Fenster. *»Es riecht nach Torf, Jod und Algen, wie immer«,* protokollierte er. Jetzt schlürfte er laut sein Destillat durch die Zähne, danach schob er es im Mund hin und her. Ließ es über die Zunge gleiten und am Gaumen vorbei. *»Ein geiles Zeug, schmeckst du auch die Süße und den Torfrauch?»*

»Ja klar, ich bilde mir sogar ein«, antwortete Hans, *»dass er etwas salzig ist. Auf alle Fälle ist die Farbe dunkelrot und golden, ein echter Hingucker. Was zum Genießen.«*

»Bob trinkt fast nichts im Moment«, sagte Doktor Sokrates, *»Ich riet ihm mal, sich so richtig einen hinter die Binde zu kippen und sich die Festplatte weg zu ätzen. Naja, er hat Liebeskummer und ist zu keiner normalen Reaktion fähig. Nachdem er sie wieder hatte und nachdem das ausgiebig mit einer Orgie gefeiert wurde, begann ihr aller aller allerbestes Jahr. So dachte er und gab Vollgas, indem er die Schatulle weit öffnete. Zunächst machten sie eine Reise auf die Insel Teneriffa. Sie liefen stundenlang am Sandstrand entlang und kochten zusammen. Tinkerbell war mittlerweile auch eine halbe Veganerin geworden. Es fiel ihr schwer, denn gerade Käse liebte sie. Einer ihrer Lieblinge war kastilischer bzw. La Mancha Manchego.«*

Vergil hatte dem Alkohol abgeschworen. Er fand, er benebelte nur die Sinne. *»Du bist doch großer Don-Quixote-Fan, der mochte auch diesen Käse sehr gerne.«*

»Cool, das ist mir neu«, antwortete Dr. Sokrates, *»Aber es passt, natürlich auch geografisch. Tinkerbell und Bob machte es nichts aus, auch im Urlaub selbst zu kochen. Im Gegenteil, Bob brutzelte gerne, das war für ihn wie meditieren und All inclusive war beiden einfach von der Qualität zu schlecht und man aß meist zu viel. Er hasste es, wenn die Leute dort ihre vollen Teller einfach stehen ließen, wo andere auf der Welt in diesem Moment verhungerten. Beide hatten die Angewohnheit, deshalb auch auf Reisen, sich selbst zu versorgen und hatten sich deshalb eine schöne kleine Finca in einem wirklich stilvoll restaurierten Anwesen angemietet. Im Urlaub hatten sie auch noch mehr Muse für ihre* ***Hypersexualität****. Sie liebten sich am Strand, in den Wellen, auf einem Hochsitz, an einem Brunnen, nachts in einem Fischerboot, auf dem alten Eichentisch der Finca - davon machten sie ein Video, im Garten zwischen exotischen Blumen, auf dem Gartenstuhl, im Pool, beim Wandern über die Insel, etc. es war wie im siebten Himmel.«*

»Adam und Eva im Paradies«, fiel Hans ein, *»und wann kommt die Szene mit dem Apfel?«*

»Möglicherweise auch gar nicht«, antwortete Doktor Sokrates. »*denn vielleicht ist der Apfelbaum diesmal eine andere Versuchung. Wenn Tinkerbell wild und wollüstig wurde, dann sagte sie kurz in leicht gebieterischem Ton, lass uns ein Plätzchen suchen. Ich bin scharf. Sie wurde immer zufriedener und Bob war glücklich, dass es ihr gefiel. Gleich nachdem sie vom Inseltrip zurück waren,*

machten sie einen Tanzkurs und jedes Wochenende gingen sie wandern oder kutschierten die Mutter von Tinkerbell und die beste Freundin umher. Teile der Familie hatten ihn endlich wieder, nach über 7 Jahren, aufgenommen. Denn nach ihrem ersten Off hatte ihn die Mama von Tinkerbell verstoßen. Alle waren auf ihn sauer gewesen manche bis heute. Viele auch schon davor, obwohl Teile der Sippe ihn noch nie gesehen hatten. Weshalb wusste er nicht, aber sie mochten ihn halt nicht leiden oder kennenlernen. Vielleicht gaben sie ihm die Schuld für das Scheitern der Ehe oder sie mochten keine »Bad« Banker. Bob konnte es nicht ändern, obwohl Tinkerbell immer meinte, dass auch das seine Schuld wäre. Er müsse sich mehr bemühen und die anderen würden halt mitbekommen, wie schlecht er sie manchmal behandelte. Das wussten sie dann wohl von Tinkerbell, denn er hatte es ihnen nicht verraten.«

»Du hast noch ne halbe Stunde, dann muss ich leider los«, platzte Hans dazwischen.

»Kein Problem das kriegen wir hin.«

»Wisst ihr, was ich noch denke?«, sagte Vergil. *»Das ist nicht nur eine* ***Drama Queen****, sondern generell kommen männliche Wesen bei ihr und in dieser Sippe nicht gut weg. Das ist auch einfach erklärt, denn ihr Vater war ja ein Trinker und hatte sich nicht um die Familie gekümmert und dieses Muster sitzt fest. Alle Gefährten sind schlecht, solange sie nicht immer genau das tun, was sie will und erwartet.«*

»Könnte sein«, antwortete der Paartherapeut, *»es fühlt sich aber auch unreif an. Wie ein Kind, das, wenn es nicht genau das erhält, was es will, trotzt.«*

»Es gibt aber auch Freundinnen«, fügte Hans noch hinzu, *»die wollen einen Typen solange ändern, bis er genauso ist, wie sie ihn haben wollten, und dann gehen sie. Ziel erreicht! Lust verloren. Operation gelungen, Patient tot. Du darfst dich nie zu stark verändern wegen einer Saftpresse, sonst holt die sich woanders die Orangen.« Er lacht.*

Hans hatte viele gute Thesen, die aber weiteren Überprüfungen wohl nicht standhalten würden.

»Alle suchen und wollen die große Liebe«, erklärte Dr. Sokrates, *»jeden Tag aufs Neue, das ist schwierig. Laut Statistik wollen 90 Prozent der Frauen ihren Partner nach der ersten Verliebtheit, die endet so nach 100 Tagen, verändern. Sie geraten in so eine Falle, Macht spielt auch eine Rolle, aber hier liegt das ganz anders. Der Tanzkurs war eine Sache, die sie sich von Herzen gewünscht hatte.«*

»The Great Elvis singt genau davon«, unterbrach Vergil, *»in dem Lied we fall in a trap - Wir tappen in eine Falle.«*

»Kenne ich«, sagte Hans. *»Es gibt so Standardabläufe in Beziehungen. Wenn du die kennst, weißt du sehr genau, was abgeht und in welcher Phase du gerade bist.«*

»Das wäre schlau und weise«, fügte Dr. Sokrates hinzu. *»Mit etwas Liebesbildung geht es viel leichter und du kannst dir jede Menge Herzschmerz ersparen. Der nächste lang gehegte Herzenswunsch nach dem Tangokurs, von ihr war eine Reise durch die Toscana. Bob finanzierte auch das und es war wieder wunderschön. Sie machten eine Liebesreise bis nach Elba. Hier wanderten sie über die ganze Insel. Sie besichtigen u.a. Pisa, Florenz, Luca,*

San Gimignano, Siena und Volterra. La dolce Vita legte er ihr zu Füßen. In Florenz auf der Ponte Vecchio und vor der Statue des David von Michelangelo schworen sie sich ewige Ergebenheit und Liebe. Auf der Piazza dei Miracoli, direkt unterhalb des schiefen Turmes, erklärte Tinkerbell, wie toll das Jahr für sie ist und war. Es wäre noch nie so schön mit ihm gewesen und sie lobte ihn dafür und zeichnete eine traumhaft göttliche Beziehung zwischen ihnen beiden. Der selbstkritische und leicht perfektionistische Bob konnte es nicht fassen, endlich war sie zufrieden. Sein jahrelanger Kampf hatte Erfolg. Er konnte sie also doch glücklich machen. Hatte sich getäuscht, sie war nicht wie Ilsebill, die Frau des Fischers. Aber er wusste, er hatte auch ziemlichen Stress mit der Arbeit gehabt. Gerade gab es viel zu tun und nächstes Jahr würde er es ihr noch besser besorgen, denn er plante, sich selbstständig zu machen, dann nämlich würde er um ihre Hand anhalten. Er musste nur noch ein paar Dinge klären, Projekte abschließen und sein privates Business anschieben. Endlich hatte er den Weg zu ihrer beider Aufstieg gefunden. Der arme verblendete Bob wusste ja nicht, dass dieser Schlüssel nur das Schloss zu einem kalten Herzen aus Stein öffnete. Tinkerbell, diese narzisstische und borderline Gestörte, war in Wirklichkeit die Herzkönigin und nichts würde sie oder sich ändern «

»Ja, die rote Königin, das passt gut«, keifte Hans, *»und ich glaube eher, das war der Kerkerschlüssel.«*

»Möglich ist alles, das sagte schon der Generalstab«, erklärte Dr. Sokrates. *»Sie hatten beide eine unbeschwerte Zeit und das Jahr ging so dahin. Gegen Ende des Sommers kam noch ein Wanderurlaub im Zillertal mit ihren*

Kindern. Das wurde eine Bewährungsprobe wusste er. Zum ersten Mal in acht Jahren wieder zusammen mit ihrem erwachsenen Nachwuchs in einem Chalet in den Bergen. Auch hier steuerte er einen Großteil der Kosten bei. Alle fünf sind Veganer. Die Kinder von Tinkerbell waren vor sieben Jahren noch Omnivore und sahen bei ihm die vegetarische Ernährung. Als erstes war Tinkerbell bereit den Fleischkonsum einzustellen. Jetzt waren sie sogar alle Gemüseextremisten in Bio-Qualität. Und sie verbrachten einen super Urlaub im wild romantischen Inntal. Ein Highlight war eine gemeinsame Wanderung zur Berliner Hütte. Da oben lag noch mega viel Schnee und sie mussten alle richtig kämpfen. Anstrengend, aber es schweißte sie zusammen, dachte er? Der Trip war ein voller Erfolg. Auch Tinkerbell war zufrieden. Immer klarer wurde, worauf das hinausläuft. Sie beide hatten endlich den richtigen Zug bzw. das richtige Gleis gefunden. Sie waren im gleichen Abteil und rasten auf die Hochzeitsglocken zu. Ihre Partnerschaft nahm große Fahrt auf. So verliebt war sie in ihn und er liebte sie jeden Tag ein kleines Stück mehr. Jede Falte und jedes Pfund zu viel an ihr mochte er. Aufgrund des vielen Alkoholkonsums hatte sie plötzlich einen kleinen Bauch bekommen. Er konnte sich das nur dadurch erklären, dass sie wirklich mehr tranken als früher und Tinkerbell halt keinen aeroben Sport machte. Bob bewegte sich ja für sein Leben gern, er rannte zum Bäcker oder fuhr mal eben so 50 km mit dem Rad kreuz und quer durch Monnem und hätte den ganzen Tag wie ein kleiner Junge weiter rumsausen können. Aber dann kam wieder so ein fataler Moment, so ein Hurrikan aus dem Nichts. Wie diese Erdlöcher, die manchmal ganze Häuser verschlucken. Man hätte es wissen können oder müssen, Glück währt nicht ewig.«

In diesem Moment kam die Kellnerin an den Tisch und schaute nach dem Rechten.

»Hallo Boho, machen Sie mir noch einen Milchkaffee«, sagte Hans zuckersüß, *»und für den Doktor noch einen Monaco, bitte.«*

»Sehr gerne«, erwiderte sie und fügte lächelnd hinzu, *»Die Taube gehört wohl zu Ihnen. Die Farbe ist wirklich sehr selten. Ich habe die hier noch nie gesehen«*

»Bestenfalls ist sie unsere Haus- und Hof-Taube«, sagte Vergil, *»oder eine Wiedergeburt.«*

Alle überlegten, wer sich in dem Vogel befindet, also welcher Verstorbene hier drin steckte. Es gab da so einen Kumpel von ihnen, der war beim Motorradfahren tödlich verunglückt. Zum Frühstück aß der nichts, damit er schneller unterwegs war. Jedes Gramm zählte. Dann kollidierte er mit einem Auto in einer Kurve, er war schuld und durfte mit leerem Magen auffahren. Hans hatte schon so viele Leichen gesehen, manche davon noch warm und gerade frisch verstorben. Er erinnerte sich an dieses eine Model, eine noch recht junge Frau. Sie wurde von ihren Nachbarn leblos im Gartenstuhl gefunden. Sie hatte keinen Puls, war aber noch ganz warm. Er zog sie damals runter, legte sie auf den Rasen und zog ihr die Bluse aus. Sie trug keinen BH, ihre Haut war makellos und leicht gebräunt. Die Tote hatte sehr schöne Brüste mit etwas langen abstehenden Warzen. Unter den Augen der Nachbarn begann er damals eine Herzdruckmassage und Wiederbelebung, aber es nützte nichts. So zarte Lippen hatte sie und ab und zu streifte er aus versehen ihre Nippel. Natürlich dachte er daran, sie zu penetrieren, aber unter den Augen der Mitmenschen war das unmöglich. Und überhaupt war das ein Bauchgefühl und der Richter in seinem Kopf plädierte dafür, dass er sich auf seine Arbeit konzentrierte. Ihr hätte es wohl egal sein können, denn es war ja nur noch eine Hülle. Wie eine Ewigkeit kam ihm das Prozedere vor, er presste ihren Brustkorb, ab und zu röchelte sie etwas, ihre Augen waren geschlossen, er presste seinen Mund auf den ihren und er bildete sich ein, dass während seiner Knetkur bereits die Spannkraft aus ihrem Busen schwand. 30 mal den Brustkorb drücken und zwei mal beatmen, er machte manchmal drei. Nach etwa zehn Minuten kam damals der Rettungsdienst und übernahm. Er war ziemlich ausgepowert, schwitzte wie nach dem Akt und hätte eh nichts mehr zu Stande gebracht.

Vielleicht war das die Dame, also die Taube, und sie wollte sich bedanken oder hatte sich in ihn verliebt, denn er war der letzte der sie noch einigermaßen lebend berührte. Er wusste, sobald ein Körper erkaltet, dann war das Leben raus und es gab nichts »Menschliches« mehr. Von einer Sekunde auf die andere, wie bei einem Lichtstrahl. Eben warst du noch Milliarden schwer wie »Jeff Bezos«, nun ist dein Strahl in der Dunkelheit verschwunden. Für immer? Unser Panzer wurde dann ein wertloses Ding, weniger Wert als diese gequälten toten Schweinehälften, außer man hätte noch Edelmetalle irgendwo verbaut.

»Gurr-Gurr« und nochmal *»Gurr-gurr« machte es von Boden.*

»Sollte das jetzt JA bedeuten oder »Vielleicht oder was«?«, überlegte Hans laut.

Wieder gingen seine Gedanken zu der Schönen. Die Sanitäter hatten ihr noch die Hosen aufgeschnitten und den Slip. Sie lag nun nackt zu ihren Füßen. Die Nachbarn hatte er nach Hause geschickt. Zum Schluss wartete er mit seiner Kollegin auf die 5. Kolonne. Seine Streifenpartnerin stand vor dem Anwesen auf dem Gehweg, um die Bestatter in Empfang zu nehmen. Den zarten Leichnam betrachtete er von oben, wie sie so vor dem Gartenstuhl im grünen Gras lag. Eine wahre Schönheit war sie gewesen. In seinem Bericht würde als vermeintliche Todesursache Verdacht auf Drogenintoxikation stehen. Sie konsumierte wohl Heroin, aber das musste die Obduktion klären. An ihren Füßen und Achseln fand er zahlreiche Einstichstellen. Im Mülleimer lag eine benutzte Spritze und im Kühlschrank in einer Tupperbox bräunliches Pulver, das nach geröstetem Kaffee und süßem Most roch. Er wusste nicht viel von ihr, nur was er von den Nachbarn aufschnappte und was die Wohnung spiegelte. Auf dem Briefkasten war der Name Joana Dante verzeichnet. In den kriminalpolizeilichen Systemen war sie unbekannt. Alles wirkte ordentlich und gepflegt. An diesem Tag hörte ihr Herz zu schlagen auf, wahrscheinlich, denn sie war noch so jung, war es ein Dosierungsfehler oder einfach nur Pech? Braunes verlangsamt die Herzfrequenz und da kann es leicht zu einer Überdosierung kommen. Auf dem Esstisch lag noch ein rußgeschwärzter Löffel und Citrovin, auf der Innenseite klebten vertrocknete Opiumreste und ein Stück Zigarettenfilter. Ein dünner Gürtel zum Abbinden der Armvene lag auf dem Boden. Sie musste sich wohl gerade einen Schuss gesetzt haben. Ging dann nach draußen, um die Sonne und den Flash zu genießen. Da war er sich sicher, das Ende kam völlig unerwartet und friedlich. Auf ihrem Oberkörper pappten noch die Einmal-Elektroden. Er konnte nicht mehr an sich halten, kniete sich neben sie und entfernte die verdammten Teile. Ein letztes Mal strich er sanft über ihre Brüste und streichelte ihr Haar. Vorsichtig blickte er sich um, beugte sich nach vorne und küsste ihre linke Brust. In seiner Diensthose spannte sich der Stoff. Ganz vorsichtig lutschte er an ihren Warzen. Erst jetzt bemerkte er, dass sie einen Bikini cut trug. Braunes kräuselndes gepflegt rasiertes Schamhaar. Vorsichtig beugte er eines ihrer Beine im Knie leicht durch und zog es ein wenig nach außen, damit er die Muschi sehen konnte. Bald würden sich die Eiweißmoleküle der Muskeln zersetzten und die Leichenstarre eintreten. Die äußeren und inneren Schamlippen waren etwa gleich lang. Aus ihrer Vulva tropfte noch etwas dunkler Urin. Sollte er eine Probe nehmen? Diesen Gedanken verwarf er schnell wieder. Das sollten die bei der Obduktion machen. Seine rechte Hand lag nun auf ihrem Steiß, die Haut fühlte sich schon unnatürlich kühl an. Den Daumen zog er kurz durch den Urin und führte dann seinen Finger ein. Sie war ziemlich eng und innen drin noch ganz warm. Ruhig verharrte er in dieser Stellung. In seinem harten Schwanz pochte das Blut und er hatte nur einen Gedanken.

Von irgendwoher drangen Geräusche an sein Ohr. Schritte näherten sich und mehrere Stimmen waren zu hören. Jetzt verstand er. Sein Streifenhörnchen kam mit den Friedhofsleuten.

In diesem Moment zuckte er zusammen, denn er hörte Gemurmel und die Wohnungstür wurde geöffnet. Schnell zog er seine Hand raus, wischte sie kurz im Gras ab und stand auf. Seine Erektion war nicht zu übersehen. Der Stoff der Hose im Schritt ganz ausgebeult. Deshalb steckte er die linke Hand zum Unterdrücken in die Tasche. Mit der Rechten begrüßte er die Bestatter. Ihm kam der Gedanke, dass die Jungs mit Sicherheit auch nicht ihre Finger von diesem hübschen Leib lassen konnten. Es waren doch alles eher unkultivierte Kerle. Er wurde eifersüchtig, die Lage war hilflos, aber er konnte nichts tun.

»Was den Leuten so im Kopf rum geht«, dachte die Taube erstaunt. *»Und was die alles so anstellen. Aber diese Geschichte lehrt uns, dass zu schnell alles vorbei sein kann. Deshalb ist Harmonie und Toleranz in einer Partnerschaft sehr angebracht.«*

»Im Erlebnis der Liebe kommt es zu der paradoxen Situation, daß zwei Menschen eins werden und gleichzeitig zwei bleiben.«
(Erich Fromm 1900 - 1980)

LASS UNS HEIRATEN

Wieder stand eine volles Bierglas Monaco vor Doktor Sokrates. Er war ein cooler Typ, wirkte immer recht relaxt, typisch niedergelassener Arzt halt, und die Patienten mochten ihn sehr, denn er nahm sich für jeden die Zeit, die dieser brauchte. Als ziemlich sorgenfrei würde ich sein Leben abstempeln. Wenn er ein Problem hatte, dann wussten es Vergil und Hans natürlich. Es war offensichtlich, er trank immer viel zu viel. Wahrscheinlich war das sein Lösungsmittel, um mal abzuschalten. Seine Frau sagte dazu nichts. Sie kümmerte sich um die Kinder und das Haus. Alles machte einen sehr partnerschaftlichen Eindruck. Ich denke, man muss Kompromisse eingehen. Wenn der Partner nur zu viel »säuft«, das aber kultiviert von statten geht, sonst alles okay ist, dann ist doch alles tippitoppi oder? In so einem Fall würde ich sicher auch den Schnabel halten.

Der Doktor hatte einen kritischen Ausdruck aufgelegt. *»Wir sind an der Stelle, wo das Drama seinem Höhepunkt entgegen schreitet. Bob ist überglücklich und auch die gemeinsame Zukunft kommt endlich ins Laufen. Tinkerbell zeichnete alles strahlend rosarot. Er versuchte ja bei seiner Gangster-Firma rauszukommen um sich etwas eigenes aufzubauen. Bankster wollte er nicht mehr sein. Sie unterstützte ihn dabei, wobei sie ihm oft nahelegte, doch einfach zu kündigen. Dadurch würde Bob aber seine ganzen angesammelten Bennefits verlieren und deshalb wollte er einen anderen Weg gehen. In Zukunft muss er ja auch von etwas leben. Das braucht aber Zeit. Ihm ist total* *schleierhaft, warum sie immer darauf drängte, dass er alles hin schmeißen sollte. Kurz nach der großen Lobeshymne auf die Beziehung, was Bob schon etwas spanisch vorkam, sitzen beide in einem schönen italienischen Restaurant in Mannheims größtem Stadtwald. Es ist ein sonniger Tag. Der Toscana Tripp steckt noch in ihrer beiden Köpfen. Hier, in der Kühle des Blätterdaches, konnte man es gut ausklingen lassen und entspannt plaudern. Sie unterhielten sich über ihre Liebe, die Zukunft und eine alte historische Mühle in Thüringen. Er hatte das denkmalgeschützte Objekt im Internet aufgetrieben und sie hatte sich sofort darin verliebt, denn es hatte noch eine eigene Quelle mit dabei. Beide träumten am Tisch, wie sie dort gemeinsam leben, alt und lieben werden und dass sie es sich unbedingt erstmal anschauen wollten. Seit Jahren versuchten sie ein geeignetes Anwesen zu finden. Bob hatten schon viele gefallen, dann waren sie aber Tinkerbell nicht recht. Hier schien diesmal alles zu passen. Es war dieser Lauf, den beide seit ungefähr einem Jahr hatten. Wie* ***auf Eierschalen*** *versuchte Bob zu gehen und nicht in Fettnäpfchen zu treten und ihr einen Herzenswunsch nach dem anderen zu erfüllen. Das mit den Ringen hatte noch nicht geklappt, denn sein Kumpel und Juwelier war etwas verpennt. Der hatte mittlerweile kein eigenes Geschäft mehr und gerade viel um die Ohren.*

Aber dafür hatte er das Thema Hochzeit angesprochen. Er war schon einmal verheiratet und wusste wie kompliziert und demütigend für den, der mehr verdient, die Auflösung einer Ehe ist. Tinkerbell meinte dazu, dass sie sich ja nur von ihrem Ehemann hätte scheiden lassen, weil Bob ihr die Hochzeit avisierte. Aus ihrem Mund klang das wie ein Geschäft. Durch Heirat nach oben fallen? Trotz intensiven Grübelns konnte er sich daran beim besten Willen nicht mehr erinnern. Aber sein Gedächtnis war auch nicht so gut wie das seiner Partnerin. Sie konnte sich besser besinnen, war empathischer und, wie bereits erwähnt, immer fair und wusste oft als einzige, was wirklich gerecht ist und gesprochen war. Sie erinnerte sich an alles. Es war beeindruckend. Jedes noch so kleine Detail wusste sie noch. Bob hatte wegen dieser Trauungssache eine Idee. Er dachte sich, unsere Beziehung ist so verrückt, wieso heiraten wir nicht in Las Vegas in der kleinen Kirche? Natürlich kann man dann in Deutschland nochmal. Als er das Tinkerbell vortrug, wischte sie es mit einer Handbewegung weg. Es klang sehr despotisch. Das käme für sie nicht in Frage. Darüber war er sehr verwundert, denn ihr allergrößter Wunsch war heiraten, auch, um versorgt zu sein. Wer seinen Partner liebt, der bietet ihm das Ja-Wort an, damit man ihn abgesichert wusste. Das erwähnte sie ständig. Doch jetzt schmetterte sie seinen Vorstoß einfach so ab. So eine Vermählung wollte sie nicht. Damned! Es klang so, dass ihr das nicht gefiel. Aber sie machte auch keinen weiteren Aufschlag, in dem sie am Spiel bzw. Thema dranblieb. Für Bob war es das erste Mal, dass er das große Thema Eheschließung bzw. den Bund fürs Leben angesprochen hatte, denn etwas in ihm sperrte sich die ganzen Jahre dagegen. Jetzt aber war er soweit gewesen, seinen ganzen Mut hatte er zusammengenommen und es schien, dass sie kein wirkliches Interesse zeigte. Was war hier los, grübelte er? Seine Ressentiments warf er alle über Bord, denn sie redete schon so viele Jahre davon. Setzte ihn regelrecht unter

Druck mit dem Thema. Aber nun hatte sie es tot geschlagen. Hatte sie überhaupt die ganzen Emotionen gespürt, die er in diese Sache reinlegte, in diesem Moment? Bob schwieg, er blieb stumm, verdrossen und nachdenklich. Die allerwichtigste Sendung für Tinkerbell war das Wunschkonzert Teil drei und sie machte es off, stellte es ab. Sendeschluss.«

»Wird immer mysteriöser das Ganze«, sagte Vergil. *»Ich bin gespannt, was du diagnostiziert hast. Sie hätte doch zumindest einen Gegenvorschlag bringen können. Also wenn ich unbedingt Pasta Ala vongole möchte, sonst sterbe ich, dann ist mir die Qualität wichtig, aber nicht die Örtlichkeit oder der Kellner. Kompromisse sind die hohe Kunst der Dialektik. Vorschlag, dann Gegenvorschlag, Diskussion und irgendwann findet man einen gemeinsamen Nenner. Menschen, die bei Kontroversen alle Türen zuschlagen, denen ist in der Regel an der Sache nicht gelegen oder sie sind ungebildet oder gestört. Die Frau will die Hochzeit, der Freund sucht die Örtlichkeit raus. Dafür wählt sie den Termin oder den Rahmen. Basta, so kann es gehen.«*

»Ja genau, und es sollten dann auch Nudeln in Penisform sein«, gab Hans zu verstehen, *»sonst passt es nicht zu den Venusnudeln.«*

Alle lachten total wild durcheinander, nur Vergil versuchte sich etwas zu beherrschen. Von den Nachbartischen erhielten sie wie immer verständnislose und zum wiederholten Male vorwurfsvolle Blicke. Nur Boho, die gerade vorbeilief, schien sich über so viel naive und selbstlose Heiterkeit zu freuen. Typisch Kerle, wird die denken und in etwa wissen, worüber die so grinsen.

»Dünne Liebe sieht überall dicke Fehler.«
(Phil Bosmanns 1922 - 2012)

DIE HÖLLENFAHRT

Irgendwo schlug eine Turmuhr fünf Minuten nach 22 Uhr. Monaco wird am besten mit Panaché und Granatapfelsirup zubereitet. Ein Stück Zitrone und etwas Eiswürfel dürfen nicht fehlen.

»*Wisst ihr*«, begann der Doktor, »*Monaco ist auch so eine narzisstische empathielose Metropolis. Eine Untersuchung stellte fest, dass das Lieblingsgetränk von narzisstisch gestörten Personen der Monaco ist. In dem Fürstentum, da geht es um Eitelkeiten, Luxus und Macht.*«, porträtierte Dr. Sokrates und redet sich in Rage. Sinnloser Stolz und Vermögensprahlerei konnte er nicht gut leiden. Er war eher für teilen, blieb bescheiden und oft verbrachte er seinen Urlaub in Dritte-Welt-Ländern und halft dort medizinisch im Ehrenamt. »*Eigentlich sollte ich das Zeug deshalb erst gar nicht trinken. Das sind die neuen Babels. Größenselbststörungen sind übrigens auf dem Vormarsch. Unsere heutige Lebenseinstellung und das, was die Gesellschaft vorgibt, fördern diese und weitere psychische Krankheiten. Überall werden ständig Selfies gepostet, deine Handy Kamera ist immer auf dich gerichtet und Likes sind der Treibstoff. Das eigene* ***ICH*** *steht zu sehr im Vordergrund. Wenn die Leute minutenlang mit ihrem Telefon Porträts von sich machen, erkenne ich den biblischen Narziss am Wasser. Wie er selbstverliebt sein Spiegelbild betrachtet. Heute glaubt die Mehrheit, sie hätte superiority Status erlangt.*«

»Sie könnten deinen Cocktail«, sagte Vergil belustigt, *»aber auch umbenennen in Monnemer oder gleich der Stadt einen anderen Namen geben.«*

»Mir wäre es recht«, antwortete der Doktor, *»umbenennen, wegen den Scheiß Narzissten.«* Er lachte.

Hans bläst den Rauch hoch in die Luft und redet geheimnisvoll: *»Der Name Monaco bleibt, ihr wisst gar nicht was noch so abgeht. Denkt doch mal dran, was ich im Dienst alles erlebte.«* Er machte eine kleine Pause.

«Und übrigens, auf YouTube gibt es Frauen, die zeigen der ganzen Welt ihren Kleiderschrank. Ziehen alles an und führen es vor, halbnackt. Am meisten Klicks und Likes kriegen die Dessous und Bikinis. Ich finde das Prima und da sind wirklich total heiße Fahrgestelle dabei und die bewegen sich dann noch wie beim Strip. Da gibt es eine MILF, die ist total scharf und macht in Dessous Hausarbeit. Zumindest die ganze Männerwelt schaut ihr dabei zu. Das ist für mich wie Meditation.«

Die anderen lachen schon wieder laut.

»Was sagen die Partner dazu?«, will Vergil wissen.

»Vielleicht verdienen die soviel, da würde ich auch den Mund halten. Frauen, und damit meine ich auch Tinkerbell, sind uns einfach über. Als moderner Mann solltest du das wissen«, sagte Hans.

»Das älteste Gewerbe der Welt«, meinte Vergil, *»soll die Prostitution sein. Wobei man nicht weiß, ob die Frauen nicht gezwungen wurden.«*

»Zumindest im Netz«, ergänzte Hans, *»machen die das freiwillig, denke ich. Es wirkt zumindest immer so.«*

»Ja, die liebe Damenwelt, das ist ein Mysterium«, erklärte Vergil trocken. *»Tun immer so treu und liebevoll, haben es tatsächlich aber faustdick …«*

»Lassen wir die Bombe platzen«, unterbrach Doktor Sokrates. *»Die Frauen sind die Frauen sind die Frauen und wir Männer sind triebgesteuert. Aber jetzt beginnt das Große Finale.«*

»Yearrr, Super Bowl«, brüllte Hans dazwischen.

»Tinkerbell redete gerade vom Notar, von der Mühle im Grünen und dass sie sich das gerade leisten könnte oder will. Sie würde einen Kredit aufnehmen und dann die alte verfallene Mühle mit eigenem Quellwasser zusammen kaufen. Bob sagte beiläufig, dass er dann gleich seine beiden Kinder eintragen lassen würde. Sie könnte ihre drei Kids nennen und dann hätten alle einen gemeinsamen Rückzugsort. Das dazugehörige Grundstück hatte mehrere Ar. Wer nicht will, könnte ja den anderen seinen Anteil anbieten.«

»Respekt, fair«, plapperte Hansi schnell dazwischen.

»Wie bei einem unvorhersehbaren«, fuhr der Doktor fort und betonte das Wort etwas zu dramatisch, *»Blitzeinschlag, bei schönstem Kaiserwetter, änderte sich die Stimmung am Tisch. Bob sah ängstlich in ihr Gesicht. Mehrere 100.000 Volt sprühten aus ihren Augen. Ihr Blick war voller Hass. Ihre Haare färbten sich grün. Sie war angewidert von ihm und er dachte, sie wolle ihn in diesem Moment vernichten. Laserblick, zuurrrr, und du bist Weltraumstaub. Es gelang ihr aber nicht. Noch nicht! Verzweifelt suchte er nach einer Lösung. Überlegte, was sie wohl jetzt so auf die Palme gebracht hatte. Sie keifte ihn an und zischelte. Du gönnst mir nichts. Ich bin dir*

nichts wert usw. Ihre Stimme überschlug sich. Er flehte sie an, dass das nicht stimmt und so auch nicht gemeint war. Schlagartig erhob sie sich, drehte sich rum wie ein Kugelblitz und ging in das Lokal hinein. Ihm wurde übel. Jeder, an dem sie vorbeiging, bekam einen elektrischen Schlag mit ab. Wie ein Stromkabel, das der Sturm heruntergerissen hatte und das nun auf dem Asphalt in zuckenden Funken tanzt. Selten ist sie in der Öffentlichkeit so in Brand geraten. Er war trotzdem etwas beruhigt, dass sie sich erstmal hinter die Brandmauer, hier die Toilette, zurückzog, denn es war ihm schon ein wenig flau und schwindelig geworden. Kannte er sie doch nur zu gut. Ein apokalyptischer Reiter, wie in dem Gemälde von Eduard Jakob von Steinle, hatte von ihr Besitz ergriffen. Aber sie ritt erstmal zum Klo, um sich zu beruhigen. Das fand er prima und er war voller Hoffnung. Diesmal klappte alles. Wenn sie rauskommt, werde ich sie endgültig löschen und sie beruhigt sich wieder. Früher wäre das in Agonie geendet aber mittlerweile hatten sie beide das ja drauf. Hatten es gelernt, dank aufrichtiger Liebe, dachte er.

Tinkerbell kam zurück, sie hatte sich zu seinem Entsetzen noch nicht beruhigt, im Gegenteil. Sie war immer noch voller Wut und Zorn auf ihn. Der Himmel hing voller Cumulonimbus-Wolken und um sie herum brannte das Gras und der Busch nach Blitzeinschlägen. Bob versuchte zu beschwichtigen, indem er sagte, wir haben die Mühle ja noch gar nicht gesehen, vielleicht ist sie ein Haufen Schrott, oder das mit dem Denkmalschutz müssten wir auch noch klären und wir finden eine Lösung. Aber alles war vergebens, sie zog weiter, sie verließ ihn, und zog eine Schneise der Verwüstung hinter sich her und er wusste, was das bedeutet. Der Wald steht lichterloh in Flammen. Ein Jahr Aufforstung für die Katz. Wo sind die tapferen Fire Fighter? An diesem Tag hatte sein Lieblingskellner, ein Italiener, Dienst. Er kam zu ihm und signalisierte, dass er spüre, dass die Freundin mächtig sauer sei. Ihm war es peinlich, aber der Ober war auch Single und er hatte ja recht. Was der nicht wusste, wenn die sich nicht mehr einkriegt, dann konnte man die Beziehung in die Tonne kloppen. Er musste sie löschen, sie brauchte eine Entladung, aber wie? Mit einer Flut von Liebesbekundungen! Bob war total traurig und betrank sich an diesem Abend aus Kummer mit dem Personal. Weit nach Lokalschluss saßen sie alle noch rum, sangen Lieder und ein mittelloser Bohéme spielte auf der Gitarre. Der Flieger war vom Himmel gefallen, ganz plötzlich, das Küken ist aus dem Nest gestürzt und er stand schon wieder auf einer Rolltreppe, die abwärts fuhr. Verdammte sch... Tinkerbell stellte den Schalter auf off. Sie war richtig sauer auf ihn. Das ganze Jahr flog ihm wegen einer unbedarften Aussage auf die Füße. Hatte er doch so viel Seelenstaub investiert, auch monetären-Goldstaub, war so vorsichtig mit seinen Äußerungen das letzte Jahr und nun fühlte er große Hoffnungslosigkeit. Noch mehr konnte er ihr nicht geben und versprechen. Heirat, Haus, Liebe, Herzenswünsche und Geld hatte er ihr schon überwiesen. Sie hatte ja nichts. Aber aufgeben wollte er nicht. Nachdem der Kater vorbei war, suchte er den Kontakt und erklärte ihr seine grenzenlose Liebe. Sie hielt ihn auf Abstand, die alte Leier erklang, sie hatte die Borderline dicht gemacht, so wie zwischen Mexiko und den USA.

Und irgendwie wurde die Mauer immer massiver und höher, unüberwindbarer. Tinkerbell war der Präsident »Trumpfi« und er ein armer bettelnder Latino. Irgendwelche Freundinnen hätten gesagte, er wäre geizig und sie hätte wohl recht mit ihrer Haltung. Das sollte wohl bedeuten, er musste die Taschen aufmachen und das Füllhorn über ihr ausschütten. Wenn sie ein größeres Stück vom Kuchen will, warum nimmt sie es sich dann nicht einfach selbst? Weshalb musste er es ihr geben? Natürlich glaubte er, dass die Freundinnen auch recht hatten, oder hielt es zumindest für wahrscheinlich und wollte sich bessern. Es war wie damals mit ihrer besten Gefährtin. Die tauchte so plötzlich in ihrer beiden Leben auf, wie eine Intimwarze. Tinkerbell meinte nur, das ist meine beste Freundin von früher. Zwischen uns war mal Funkstille. Die Person war sehr nett, aber ein Voll-Psycho, sie rauchte wie ein Schlot und soff. Eigentlich tranken alle in ihrer Familie und/oder nahmen noch Drogen. Die ehemals beste Freundin sah unglaublich verlebt aus. Als hätte sie mal Heroin oder Crack genommen. Ferner war sie ziemlich bissig. Sie war der Typ Mensch, der sich ständig angegriffen fühlt und auch schon mal aus »Weitsicht« zurück schlägt, obwohl da nichts ist. Solche Typen wirken verkrampft und provokant. Trotzdem kam er gut mit ihr klar und es kam ein gemeinsamer Ausflug, wo er sich mit der neuen alten Freundin prächtig unterhielt.

Tinkerbell machte ihm später zu Hause eine Szene. Eifersucht schien sie zu treiben. Bob wusste gar nicht, wie ihm geschah. Er fand es unfair und musste ihr damals mit Leidenschaft das Gegenteil beweisen. In Zukunft versuchte er nicht mehr so viel und freundlich mit der besten

Freundin zu reden. Überhaupt musste er in ihrer Gegenwart auf der Hut sein, sehr vorsichtig. Deshalb versuchte er nicht mit anderen Ladys zu quatschen, am besten war es für ihn mit Männern. Wegen der Mühle dauerte es etwa zwei Wochen, dann war sie bereit, ihn wieder zu daten. Sie entschuldigte sich tatsächlich für ihren Furor teutonicus im Waldlokal, aber in der Sache war sie unnachgiebig. Er wäre geizig und provokant. Das Mahlhaus haben beide nie gekauft oder gar besichtigt, denn der Denkmalschutz verlangte eine umfangreiche Sanierung. Viel Rauch um nichts also.«

»Tinkerbell weiß nicht´, was sie will«, redete Hans los. *»Ich habe so langsam das Gefühl, dass sie auch nicht besonders helle ist. Die macht Bob eine Szene, total unnötig, denn die Kinder von ihm hätten es nach Gesetzeslage eh geerbt. Was redet die nur? Da hätte man schon einen Vertrag beim Notar machen müssen oder so, der das ausschließt. Aber selbst dann gibt es Pflichtteile. Mein Gott, ist das eine Zicke! Also, ich glaube, das wollte die auch oder hätte es noch verlangt oder sie weiß gar nicht so genau, was sie will und ihre Gefühle sind wie eine Lotterie. Es geht ihr ums Geld, soviel ist klar, ansonsten macht das alles keinen Sinn.«*

Hans zeigte einmal mehr, dass er vom anderen Geschlecht nichts Gutes erwartet. Ich denke, dass es nur wegen seiner negativen Erfahrungen ist, die ihn so denken lassen. Eventuell ist er auch darüber frustriert, dass seine allerbeste Freundin eine Leiche war.

»So langsam dämmerte es Bob auch«, sagte Dr. Sokrates. *»Er bekam erste größere Zweifel, gerade weil er sich so viel Mühe, auch zusammen mit mir, seinem Therapeu-*

ten, gegeben hatte. Zum ersten Mal hatte er seine Beziehung ja zum Thema gemacht. Also, da kam dann ich ins Spiel. Er wollte wirklich alles tun, um eine gute verbindliche Partnerschaft zu haben. Wir erarbeiteten zusammen Konzepte, wie man in schwierigen Situationen besser agiert und er war wirklich redlich motiviert.«

»Ich bin auf dein Fazit und deine Einschätzung als Therapeut gleich gespannt«, sagte Vergil und orakelte sofort weiter: *»Aber ich muss Hansi beipflichten. Es läuft eigentlich super für sie. Nur etwas weniger stressen sollte Tinkerbell, aber ich vermute auch, dass hier ein größeres Problem vorliegt. Möglicherweise hat sie eine* ***bipolare*** *Störung? Es kommt mir vor wie bei dem Frosch und dem Skorpion. Ihr kennt die Geschichte. Der Skorpion muss einfach stechen, denn es liegt in seiner Natur, also in seinem Charakter. Wahrscheinlich hatte der Skorpion* ***Borderline****«*, lacht er. *»Deshalb gehen beide im Fluss unter und ertrinken.* ***Borderline*** *kennt keine Rücksicht, auch nicht bei den Erkrankten. Tinke neidet über Gebühr den anderen ihr Vermögen, ihren Erfolg, sie ist krankhaft eifersüchtig, sie manipuliert, sie ist sehr leicht gekränkt, sie ist misstrauisch und verdreht Erlebtes und sie konsumiert Drogen in verschiedenen Formen. Zwei Gegensätze schlummern in ihr. Wie eine gespaltene Persönlichkeit. Mal ist alles topp und dann von einer Sekunde auf die andere flop und ihr Ziel, das verliert sie ständig aus den Augen. Das in Kombination lässt nur einen Schluss zu.«*

Paartherapeut Sokrates stellte sein leeres Glas lautlos auf den Untersetzter und reinigte sich mit dem Handrücken den Mund. Der Aufdruck auf dem Bierdeckel lautete: *»böse Buben trinken Astra.«* Am Boden trappelte die

Taube und ihr Kopf machte diese typische vor- und zurück-Bewegung, damit sie mit ihren orangenen Augen besser sehen konnte.

»*Viele erkennen*«, sagte Hans, »*ihr Glück nicht oder haben es nicht verdient. Hoffentlich haut die ab und kommt nie wieder zurück.*«

»Liebe das Menschengeschlecht, folge Gott.«
(Marc Aurel 121 n.Chr. - 180 n.Chr.)

LIEBE IST…

Sokrates hatte die Bedienung herangerufen. Voller Erwartung stand sie nun da.

»Boho ich nehme nochmal einen Lagavullin und einen Monaco dazu. Ja, nur einen diesmal.«

Der arme Hans musste ja noch auf Arbeit.

Sobald die Bedienung gegangen war, fuhr Dr. Sokrates zügig fort. *»Bob hatte Stress und er war angespannt, erstens wegen seines neuen Jobs, denn er hatte hingeschmissen und würde bald auf eigenen Beinen stehen und musste dann zusehen wie Moos reinkommt. Zum anderen mit Tinkerbell, denn sie war irgendwie anders seit ihrem Ausraster und dass er nun gerade jetzt weniger Zeit für sie hatte, machte die Sache nicht besser. Eine Szene folgte auf die nächste. Sie ließ ihn nicht mehr an sich ran. Auch ihre festen Gewohnheiten wie den gemeinsamen Dienstag gab sie auf. Plötzlich unternahm sie lieber etwas mit ihrer Mutter. Dabei war Dienstag immer ihr gemeinsamer Tag. Er kochte und verwöhnte sie doch immer an diesem besonderen Tag. Auch den nächsten Dienstag ließ sie verstreichen. Bob war total verzweifelt, denn er wusste, dass sie schon nach drei Tagen ein* **schizophrenes** *»untervögeltes« Niveau erreichte. Zu beruhigen war sie dann nicht mehr. Es gab bei ihr so einen point of no return. Wie, wenn Sie alles vergangene, das Gute und Gemeinsame, die Liebe plötzlich vergessen hätte. Ungeachtet dieser Tatsache ließ sie ihn nicht mehr ins Cockpit, stattdessen steuerte sie wohl alleine.«*

»Da sind noch weitere Co-Piloten«, sagte Hans lächelnd.

»Die hatte noch zu dem anderen Kontakt«, meinte Vergil, *»So schnell gibt ein Ex-Verliebter nicht auf.«*

»Möglich ist alles«, machte der Doktor weiter, *»wahrscheinlich ist es aufgrund der Ausgangslage auch. Ständig nörgelte sie dafür per WhatsApp. Er wäre schlecht, hätte sich nicht geändert, behandle sie nicht richtig und würde sie emotional wegschieben. Das mit der Emotionalität empfand er gerade andersrum. Versuchte er doch alles und bat sie auch inständigst, diese verletzenden und demütigenden Sprachnachrichten nicht zu senden, sondern sich mit ihm zu treffen. Meistens blieben seine Vorstöße einfach unbeantwortet. Auf viele seiner Hilfestellungen reagierte sie aggressiv, denn sie war der vollen Überzeugung, dass sie nichts zu lernen hätte und wüsste, wie Partnerschaft funktioniert. Es fühlte sich* ***paranoid*** *an, wie so oft. Das* ***love bombing*** *schlug in* ***area bombing*** *mit Streumunition über. Sein Stern sank verdammt schnell. Tinkerbell trieb im falschen Fahrwasser dahin und für ihn gab es nichts mehr zu tun. Bob war sehr traurig, denn er wusste, dass sie sich nicht mehr einkriegt, wenn sie mal in diesem anderen Kanal war und irgendwie wurde das mit Dauer der Beziehung schlimmer bei ihr. Auf der Arbeit besuchte er sie, aber sie ignorierte ihn und alle ihre Reaktionen waren voller tiefster Gekränktheit und Abwehr. Sie schlug eigentlich nur um sich, fand kein nettes Wort oder ein Zeichen, eine Geste des guten Willens. Dieses Muster kannte er zur Genüge. Da wurde aus alltäglichen Floskeln ein Sturmangriff stilisiert und*

selbst die Aussage, ich liebe dich, bekam einen Negativtouch.«

Doktor Sokrates stoppte, nahm einen großen Schluck »**narzisstischen**« Monaco und berichtete dann weiter.

»In *diesem Moment klärte ich Bob auf. Es war nun zu offensichtlich geworden. Ich sagte ihm, dass das Verhalten hier nichts mit tiefer Liebe zu tun hat. Ganz klar war das hier eine andere Sache. Kennt ihr etwas, was so einfach wie genial ist, um zu erkennen, ob dich eine Person wirklich wahrhaftig liebt? Ich bin in erster Linie Verhaltenstherapeut und die Patienten sollen selbst auf Lösungen kommen. Als langjähriger Paartherapeut erkenne ich aber, ob es sich um Liebe und liebevolles Verhalten handelt.«*

Dr. Sokrates führte sein Whiskyglas zum Mund, roch lange daran und nahm einen kleinen Schluck. Man sah, dass er die Flüssigkeit im Mund bewegte, denn abwechselnd beulte sich die rechte und dann die linke Backe leicht nach außen und es gab so gurgelnde Geräusche wie wenn der letzte Rest dreckiges Spülwasser in den Tiefen der grauen Kanalgrundrohre verschwindet. Dann wurde der Kehlkopf mit einbezogen und auf seinem Gesicht, das eben noch kritisch den irischen Wein geprüft hatte, fand sich ein Strahlen.

»Ich habe drei Schätze, die ich hüte und hege. Der eine ist die Liebe, der zweite ist die Genügsamkeit, der dritte ist die Demut.“

(Laotse 6 Jh.v.Chr.)

KEINE SELBST-TRANSZENDENZ

Hans blickte ungeduldig auf seine Uhr. *»In 5 Minuten mache ich den Abflug.«* Eilig rief er Boho an den Tisch, um schonmal seine Rechnung zu begleichen. Die Bedienung holte ihr Mini-Tablet hervor und betete runter, was er verzehrt hatte. *»Machen Sie bitte noch einen Whiskey von ihm«,* er zeigte hierbei auf den Doktor, *»auf mich.«*

»Das ist nett von dir«, bedankte sich der Paartherapeut.

»Das macht dann 33,69 Euro«, sagte sie freundlich, öffnete ihre große Kellnerbörse und beugte sich tief über den Tisch. Ihr schwarzes T-Shirt hatte einen weiten V-Ausschnitt. Auf ihrer Hand war ein Tattoo. Bisher war das noch keinem aufgefallen. Es sah aus wie frisch gestochen. Eine Vegan-Blume. Süß, dachte Vergil. Ein wenig sah man ihren San-Andreas-Graben, beeindruckend war das perfekte Rund und die Härte. Dies ließ auf ein wunderschönes Gebirge schließen.

Hans blickte verträumt in ihr Tal. Sie trug keinen BH und er wünschte eine Expedition. *»Machen Sie 40.«*

»Vielen Dank und bis nächsten Freitag.« Boho strahlte und die Freude über so viel Trinkgeld war ihr deutlich anzumerken. Sie drehte sich schwungvoll um und verschwand hinter der Bar. Kerle sind so leicht zu beeinflussen. Am besten kriegt man sie mit dem Thema Erotik und etwas Koketterie.

»Weiß jetzt jemand«, fragte der Doktor erneut, *»woran man ganz schnell und einfach klar hat, ob eine Partner-*

schaft passt? Das nachfolgende Raster könnt ihr übrigens auf alle Beziehungen anwenden auch Arbeitskollegen und Freunde.«

»Ja!«, antwortete jemand. Es klang etwas dumpf oder tief.

Alle blicken sich verwundert an. Die Sonne war schon ganz verschwunden, der sichelförmige Mond reflektierte nur wenig Sternenlicht und keiner wusste so genau, wer das eben gerade ausgesprochen hatte.

Vergil sammelte sich als erster wieder, er zuckte mit den Schultern, schaute in die Runde und sagte: »*Wie bitte?«*

»Ich weiß so ziemlich genau, wie es geht.»

Jetzt bemerkten sie, die Stimme kam wohl vom Boden. Etwas erstaunt blicken alle nach unten, da saß aber nur diese Taube und glotzte sie mit ihren grell orangen farbenen Knopfaugen an.

»Ich wusste doch, dass du keine echte Stadttaube bist. Du bist ein Wesen in Tiergestalt. Sowas kann ja schon mal vorkommen, also zumindest bei mir«, fügte Vergil grinsend hinzu.

Dr. Sokrates schien schon eher verwundert und wollte es genau wissen: *»Schieß los, gefiederter Kamerad, wir sind ganz Ohr.«*

Hans rieb sich die Augen. Für solchen Mumpitz war er nicht zu haben. Sein Leben war schwarz oder weiß, aber nichts dazwischen. Keine Grautöne, sprechende Tiere, Okkultes, selbst Spirituelles lehnte er ab und auf Horoskope gab er keinen Pfifferling. Er war der Meinung, wir kommen aus dem Nichts, wir werden wieder eins mit dem Nichts und ein Sinn in allem ist nicht erkennbar. Deshalb kannst oder solltest du auch alles machen. Das meint, es liegt nur an dir deinem Leben einen Sinn zu geben, auch wenn es etwas sinnloses ist.

»Es ist so«, antwortete die Stadttaube, *»wenn es sich nicht gut anfühlt, so als ob eine Beziehung dich auslaugt, dann passt es nicht, basta! Und meistens sind die Leute ungeeignet füreinander. Es ist wie beim Shoppen mit den Kleidern. Sieht an der Puppe topp aus und bei dir nicht. Wie oft probierst du Kleidungsstücke an und was kaufst du dann am Ende wirklich? Manchmal stellt man auch erst ein paar Tage später fest, das Textil muss ich umtauschen. Das meiste hat dir nichts getan, damit meine ich, es fiel durch, es kleidete dich nicht. Am häufigsten stimmt die Chemie, dann funktioniert auch der Sex, das ist unser stärkster Trieb, aber die Verträglichkeit, ob man einander wohltut, ist am wichtigsten. Hier muss es einrasten. Die Natur spielt uns hier oft einen Streich. Das zweite ist folgendes ...«*

»Ich muss jetzt wirklich gleich zum Dienst«, unterbrach hier Hans, *»und malochen für die Sicherheit des Planeten oder zumindest unseres Landes. Wenn du fertig bist, dann düse ich ab.«*

»Gruh-Gruh-Gruh ..., ok, ich beeile mich, *das wichtigste ist:* **FÜHLT ES SICH WIE LIEBE AN?** *Wenn nicht, dann ... na?«,* Sie hielt kurz inne, *»wird es eben keine sein? Liebe ist ständig an deiner Seite. Wie unser Schatten. Die Seelen der Liebenden sind miteinander verwoben. Da darfst du auch mal einen Fehler machen oder wie Bob ranzig sein oder dich zurückziehen. Wahre Liebe steckt das weg und hilft. Reife, echte Liebe würde nie einen Versöhnungstermin ausschlagen. Wahrhaftige Lie-*

be würde deine Fehler akzeptieren und dir helfen. Sie hilft auch im Kummer. Hier ist das allerwichtigste nicht das Gefasel, sondern dass dein Partner bei dir ist. Aktiv hilft er, die Liebe der Partnerschaft zu erhalten und Konflikte zu lösen. Liebe ist, das Richtige zu tun. Sie knüpft keinen gordischen Knoten, sondern reicht dir das Schwert, wie Alexander dem Großen. Sinngemäß fühlt ihr euch wie ein Guss. Aus zwei Seelen wird eine. Die meisten lieben nur oberflächlich, als wenn sie ein Eis lecken. Es gibt keine wirkliche Tiefe, wie bei einer trüben Pfütze.«

»Ich bin total erfreut«, sagte Doktor Sokrates, *»sehr gut, so ähnlich würde ich das auch formulieren. Knapp, aber topp!*

»Schöne Worte«, warf Hans ein, *»aber bei den meisten klappt das nicht. Das Ego steht im Weg. Wir wissen doch eigentlich alle, wie etwas funktioniert und ob es gerade gut oder schlecht läuft. Im Internet ist das ganze Wissen nur maximal drei Klicks entfernt.«*

»Niemand kann sich heute mehr rausreden«, sagte Vergil etwas betroffen, *»dass er nicht wüsste, woher sein Fleisch kommt und was sich hinter Massentierhaltung oder der Kleiderproduktion verbirgt. Baumwolle braucht die meisten Gifte. Du trägst billige Klamotten, dann bist du auch moralisch für die Krankheiten der Bauern und Zustände in den Nähfabriken in der Dritten Welt zuständig. Es ist dein Karma.«*

»Tja, Leute, ihr seid wahre Umweltritter«, bemerkte unser Therapeut. *»Das Wissen ist weit verbreitet, die Weisheit leider überhaupt nicht. Statt* ***Selbst-Transzendez****, gehen viele in ihrem* ***ICH*** *auf. Nur noch einen kleinen Punkt möchte ich ergänzen. Eine Beziehung*

oder auch Partnerschaft sollte wie ein nach oben verlaufender Chart sein. Es gibt kleine Korrekturen, aber die Richtung ist Norden. Ost oder West ist genauso Mist wie Süden. Dem Partner in Text- oder Sprachnachrichten Vorwürfe machen, obwohl der sehnsüchtig auf ein Zeichen der Liebe wartet, ist wie analogen Käse als echten zu verkaufen. Oder Freunde, die sagen, sie helfen beim Umzug, sind dann aber verschollen und präsentieren super einfallsreiche Ausreden. Der entscheidende Punkt ist aber, dass viele das nicht sehen oder wahrhaben wollen, oder wider besseres Wissen an ihrem Pendant festhalten. Sie malträtieren ihre eigene Seele. Das geht nicht gut aus. Es ist wie ein Leben im Kerker. Nicht nur die eine Liebe gibt es! Überhaupt sind wir ein Produkt von Terra Mater, von der göttlichen Mutter Erde und die erlaubt einfach alles. Ihre Liebe ist unauslöschlich und an keine Bedingungen geknüpft. In der Tierwelt ist Monogamie selten. Wir homos sind evolutionstechnisch dafür nicht ausgelegt. Monogam zu leben scheint mir trotzdem sinnvoll, das müssen wir dann aber unserer rationalis, also mit der Vernunft, klären. Beziehungen wachsen wie Bäume beständig in den Himmel, bis einer umstürzt, abbricht oder vom Tod gefällt wird. Das andere, was ich noch loswerden will, ist, dass Liebe keine Silvesterrakete ist, die kurz aufglüht und in einem bezaubernden Bild explodiert. Liebe ist eine permanente Leidenschaft gegenüber dem anderen Objekt, die nicht mehr verschwindet, auch in der Krise nicht. Somit ist das bei Tinkerbell keine reife Liebe, sondern eher eine Kinderliebe. Etwas dünn, wie schaler Kaffee, und beim kleinsten Sturm im Wasserglas wird sie entzogen. Möglicherweise war das von ihr aber auch inszeniert, als Manipulationsversuch, ***nur diesmal ging es nach hinten los. Bobs Seele hat genug*** *gelitten. Er hat mir versprochen, dass er sie ab jetzt gut behandeln will. Bob war am Boden zerstört. Langsam dämmerte es ihm, sein Schmerzpegel stieg ins Unermessliche und er schrie monatelang. Er musste der brutalen Wahrheit ins Gesicht blicken. Hier hatte ihm acht Jahre (s)eine Herzkönigin etwas vorgemacht. Bob, der törichte begrenzte Naivling, zersprang in tausend Einzelteile. Langsam werde ich nun versuchen mit ihm gemeinsam diese Stücke anzuschauen, zu bewerten und ihn neu zusammenzufügen. Das ist auch eine große Chance, finde ich.«*

»Ich muss jetzt los«, warf Hans hier eilig ein, *»sag noch schnell dein Fazit.«*

»Wahre Liebe, verzahnt die Seelen.«
(Robert P. Martin)

BIST DU GESTÖRT?

Hans rutschte ungeduldig auf seinem Stuhl hin und her. Eine Sache hatten alle verstanden. Die Beziehung war vergiftet – toxisch. Einer litt besonders und welches Ziel die rote Königin wirklich verfolgte, war nicht klar. Wenn man dem Hutmacher glaubte, dann ging es hier um Macht und Missbrauch. Was könnte bei der Herzdame verrutscht sein und waren wir nicht alle etwas wahnsinnig? Sollte sie jetzt mal alle Schuld kriegen?

Einer am Tisch hatte den Frauen ja abgeschworen und praktizierte ausschließlich Freundschaft Minus. Darunter verstand er wirklich nur den Sex. Ist das eine Lösung?

Er bumste sie und dann verließ er sie sofort. Sobald er den Gipfel erklomm, dachte er nur noch an eines. Ich muss hier raus. Seine Elektrode funkte noch und er war schon am gehen. Und später wollte er mit ihnen auch nichts mehr zu tun haben. Sogar einfache Textnachrichten nervten ihn. Nur für das nächste Fick-Date traf er sich wieder mit ihnen. Das konnte in bestimmten Fällen bis zu etwa einem Jahr dauern. Den Hausmeisterjob lehnte er rigoros ab, auch die Wohltätigkeitsnummer zog bei ihm nicht und wenn er mit ihnen redete, dann regten sie ihn nur auf.

»Also, Hans, das sind nur Wahrscheinlichkeiten«, antwortete Doktor Sokrates ernst. *»Sie müsste ja bei mir oder einem Kollegen vorstellig werden, für eine detaillierte Diagnose. Aber erwachsene Liebe ist das nicht, soviel hatten wir schon festgestellt! Bob meinte, dass er Tinkerbell jeden Tag ein Stück mehr liebte. Das klingt vernünf-*

tig, nur leider verschoss er sein Pulver bei einer Fata Morgana. Er liebt eine Illusion, denn was sie sagt und vorgaukelt ist nicht real. Es gibt viele psychische Störungen und nicht alles muss gleich pathologisch sein. Was ich hier rieche, gehört alles auch zu den zehn häufigsten Persönlichkeitsstörungen. Meistens kommen die auch noch in einer Emulsion vor. Das hatte ich schon dargelegt, damit meint man landläufig, dass sie miteinander vermischt sind. Fangen wir mal mit meinen Ferndiagnosen an. Auf alle Fälle **Borderline***, denn sie nimmt ihren Freund entweder als liebevoll oder als verabscheuungswürdig war. Dazwischen gibt es nichts. Ihre Gefühle sind nicht stabil und ihre Persönlichkeit eher labil. Die Beziehung ist entweder* **on** *oder* ***off****. Aber mit Dualismus oder Distanz kann sie nichts anfangen. Sie erinnerte sich nicht, dass sie ihm vor kurzem erst die große Liebe und ein ganz, ganz tolles Beziehungsjahr zeichnete. Entweder lebt sie in der Liebeswelt oder sie ist auf dem Planeten »Hass« zu Hause. Das eine wie das andere ist für sie auch tatsächlich wahr. Ihre Emotionen hierzu sind echt. BPS´ler erzählen einem innerhalb einer halben Stunde Pasta mit Auberginenpesto ist mein Lieblingsgericht, dann kommt irgendwann ein anderes, zum Beispiel falscher Hase. Wenn sie nun damit konfrontiert werden, könnten sie im Idealfall sagen, ja, das habe ich so angegeben. Sie wüssten aber nicht, was ihr Lieblingsmahl ist. Das ist fatal und sehr dramatisch. Ein richtiges Dilemma, wenn du nicht weißt, welche der Gefühlswelten in dir vernünftiger und somit realer ist. Nach Standpunkt der Wissenschaft ist die* ***BPS*** *viel schwieriger zu behandeln wie* ***Narzissmus****.«*

»Gut nachvollziehbar, also«, sagte Vergil, *»warum sie sich nicht meldete. Diese Krankheit verhindert liebevolles Handeln. Sie weiß es sozusagen nicht und nicht besser. Jetzt habe ich etwas Mitleid.«*

»Bingo, so ist es«, antwortete Paartherapeut Sokrates und analysierte weiter, *»Man darf wirklich auch Mitgefühl haben. Auch, wenn solche Gestörten im umgekehrten Fall das nicht hätten.* ***BPS*** *und* ***NPS*** *bilden fast immer eine Komorbidität. Als Erkrankter hast du immer wechselnd ausgeprägte Anteile an beiden. Schauen wir mal auf die narzisstische Störung. Also nach den gängigen DSM-5-Kriterien, die gibt es auch für* ***BPS****, komme ich auf etwa vier Punkte im Phänomenbereich* **Narzissmus**. *Da wären grenzenlose idealisierte Liebe und Schönheit. Übermäßige Bewunderung, sonst kippt Tinkerbell in den Bereich starker Kränkung und ihre Gefühle schießen über. Die Beziehung fühlt sich dann plötzlich eiskalt an. Sie sagte immer wieder zu Bob, ich an deiner Stelle würde mehr geben für meinen Partner. Meiner Meinung nach ist das manipulativ oder zumindest ein sehr fragwürdiger, auch abwertender Standpunkt, denn Bob wendete gut 1/4 seiner laufenden Einkünfte für sie auf. Er hatte sogar mehrere Nebenjobs und war recht fleißig und vorausschauend, sonst wäre der Lebensstandard so nicht umsetzbar gewesen. Hier wären wir auch an dem Punkt, dass der Energiefluss in der Beziehung sehr einseitig war, also ausbeuterisch. Sie verlangte nach noch mehr Einsatz bzw. Kapital, das er für sie spenden sollte. Ich weiß, was du denkst, Hans, aber selbst hier hat sie ihn ausgebeutet. Ihre Gegenleistung war nichts, denn die Sexualität war ja*

auch rücksichtslos und es handelte sich hier um Vitalkraft, die sie bekam.«

»Hmmm …«, brummelte Hans und fügt etwas kleinlaut hinzu: „… *habe wohl auch solche Wesensmerkmale.«* Er lachte selbstironisch.

»Der narzisstische Partner«, erklärte Dr. Sokrates weiter, *»braucht permanent Energie vom Empathen. Sie hat Bob immer abgewertet und manipuliert. Es ist dieses Spiel von göttlicher Aufwertung und grenzenloser Diskreditierung, das macht den Empathen abhängig. Sie meinte aufgrund der Tatsache, dass er in Therapie geht, er wäre gestört und keiner könne ihn leiden. Damit wollte sie ihn klein machen und vermitteln, dass nur sie ihn trotzdem liebte. Dankbarkeit oder Wertschätzung, wie man es annehmen durfte, bei solchen tollen Leistungen (Villa, schöne Urlaube, Herzenswünsche, treuer sorgender Partner, etc.) erhielt er nicht. Ich erkenne in Bob einen naiven Altruisten. Für ihn ist es an der Zeit aufzuwachen. Wake up!*

Nicht alle Menschen sind gut und meinen es so mit uns. Der **Narzisst** *sucht ständig nach Fehlern um dich klein zu machen und zu steuern. Sie war neidisch auf ihren Chef, weil der angeblich Geld hatte, neidisch auf den Nachbarn, missgünstig darauf, dass Bob die Mühle seinen Kindern vermachen wollte, und nicht ihr und änderte oft ihre Meinung. Obwohl es ihm immer kurz vor den großen Offs in ihrer Beziehung schlecht ging, zeigte sie keine Empathie und kein Mitgefühl. Das ist ein wichtiger Punkt. In dem Moment, wo er mal kurz nachließ und selbst etwas Energie oder Hilfe gebraucht hätte, reagierte*

Tinke krass gemein. Sie konnte es nicht zulassen, dass Bob den Energiefluss einschränkte. Tinkerbell ist ja auf Almosen, fremde Gefühle angewiesen. Der Schlüssel zum Verständnis hier, ist die **narzisstische Krise**. *Die Fürstin der Dunkelheit, fällt in einen extrem negativen Zustand, wenn beim Wirt der Energiefluss abnimmt. So war es eventuell auch bei ihrem Ex, dem Ahab. So ein Mensch würde deinen letzten Tropfen Blut nehmen, sich umdrehen und einfach gehen. Er lässt dich vor die Hunde gehen, eiskalt. Das sollte dir klar sein! Immer hatte sich Bob verwundert gefragt, warum sie so wenig spürte, so wenig einfühlsames Verhalten zeigte, wenn es ihr nicht sofort zum Vorteil gereichte. Wahrscheinlich ist aber, dass sie es kognitiv bemerkte, aber* **Narzissten** *können das im Kopf nicht umsetzen. Sie nehmen die Emotionen der anderen sehr gut wahr, die meisten sind wahre Meister im Spüren, aber die adäquate Reaktion erfolgt nicht. Die Gründe finden sich in Herzlosigkeit und dem manipulativen Verhalten. Am besten lassen sich Personen lenken, die klein und down sind. Es fehlt ihnen einfach am echten Mitgefühl. Deshalb konnte sie ihrem Ehemann nach 16 Jahren auch so eine Klatsche mitgeben. Es gibt ja immer diese Intrigen, also die Beeinflussung des Partners, entweder unbewusst oder bewusst. Wir sind auch alle kleine* **Narzissten**. *Hier in diesem Fall denke ich, dass sie wusste, was sie tat. Sie ist also ein offener und großer* **Narzisst**. *Viele eigene Werte besitzt sie nicht, deshalb übernahm sie die ihres Wirtes. Alle Menschen um sie herum werden abgewertet. Ein dauerhafter Freundeskreis bestand nicht und Bobs wurde diffamiert, bis er sich von ihnen zurückzog. Auf der Arbeit war sie der Chef, obwohl* *sie nur eine Angestellte wie alle anderen war. Alle Mitarbeiter waren nicht so fleißig und sie wusste am besten Bescheid. Also, ich glaube eher, dass sie mindestens fünf Kriterien erfüllt, wenn ich das hier so betrachte. Aber verlassen wir dieses Feld und gehen noch mal zur Grenzlinien-Erkrankung.*

*Ihre **Hypersexualität** passt zwar zum **Narzissten**, der hat ja keine eigenen echten Gefühle. Häufig wird das mit dem guten Bild eines leeren Eimers ohne Boden beschrieben. Deshalb braucht der Parasit immer wieder Emotionen und Sex ist das stärkste Gefühl, die Sprache der Liebe und unser größter Antrieb. Ohne ständigen Energiefluss fühlt sich die Herzkönigin total leer. Wie ein Mönch bei der Mediation - nur als Dauerzustand. Wirklich nicht zu beneiden. Übersteigerte Sexualität, wie hier vorliegend, ist aber auch ein Kriterium bei DSM 5 für **Borderline**. Die Sexualität hat den normalen Rahmen verlassen. Der Behälter ohne Boden und Deckel braucht ständig Nachschub. Egal, woher dieser kommt.«*

»Logisch«, warf Hans stolz ein, denn er bildete sich ein, das Prinzip verstanden zu haben, und war froh, dass er vielleicht doch nicht so gestört ist, *denn er brauchte keinen Hypersex oder so »der Eimer wird nie voll. Er bleibt stattdessen immer leer und deshalb braucht's permanenten Nachschub und so viel Energie kann ein Mensch nicht liefern.«*

»Ja, genau«, sagte Dr. Sokrates, *»sehr gut erkannt. Du kannst nicht zwei Personen – dich und den Partner – auf Dauer mit deiner eigenen Lebenskraft bedienen. Zu Beginn erklärte Tinkerbell, ich küsse auch Frauen, aber das hat nichts zu bedeuten. Sehr wohl zeigt das, dass das Ob-*

jekt, das Geschlecht des Energiediscounters »wurscht« ist. Solche Persönlichkeiten nehmen in der Not alles. Deshalb ist es für sie auch nicht möglich, für längere Zeit alleine zu bleiben. Sie werden sich fühlen wie beim cold turkey. Dieser Zustand ist nicht auszuhalten.«

Sokrates trank kurz einen Schluck, hielt sein Glas danach, am oberen Rand, fest umschlossen und blickte versunken in seinen narkotisierenden Monaco. *»Eine kurze Frage möchte ich hier einschieben. Wie kann man sich selbst testen, ob man gestört ist oder nicht?«* Eine kleine Pause entst*and. »Täubchen, willst du ...?«*

»Das ist jetzt mal nicht so leicht zu beantworten«, antwortete unser gefiederter Freund, *»aber ich versuche es.«*

Alle blickten nach unten. Eigentlich bewegte die ihren Schnabel gar nicht und trotzdem hörten alle die Worte in ihren Ohren. Möglicherweise benutzte die Stadttaube so eine Art spirituelle Übertragung, so ähnlich wie bei Drahtloskopfhörern.

»Wenn du mit dir alleine sein kannst«, machte sie weiter, *»und damit ist nicht etwa nur eine kurze Weile gemeint, sondern vielleicht sogar die potenzielle Ewigkeit, dann bist du fähig zu lieben. Wenn du lieben kannst, kannst du geliebt werden. Dann bist du dem Irrsinn entronnen. Ich meine damit diesen Zustand in dem du dir selbst genügst, nicht im total selbstverliebten Sinne, sondern so, dass du jeden lieben kannst!«*

»Geil, total geil, ich bin beeindruckt«, sagte Dr. Sokrates, *»du bist sehr weise. So einfach wie genial ist dieser Test. Du kommst in deiner Entwicklung an einen Punkt, wo das Objekt deiner Liebe, nicht mehr von Bedeutung*

ist. Natürlich hast du Vorlieben, das bleibt. Abe du bist so weise und reflektiert und kannst deshalb jeden und jedes lieben.«

»Danke, ich höre viel in der Stadt«, erwiderte der kleine Vogel, *»und komme häufig nah an Menschen ran. Da bekomme ich einiges mit und dann habe ich ja auch die speziellen Aufträge.«*

Hans plusterte sich auf, denn er wollte jetzt auch etwas Gescheites sagen. *»Ich will jetzt für Tinkerbell eine Lanze brechen.«*

Vergil und Dr. Sokrates schauten etwas erstaunt. Das passte so gar nicht zu seiner Art. Was hat er jetzt bloß vor? Hans ist immer wieder für eine Überraschung gut und es gibt doch noch Hoffnung bei ihm, dass er seine Haltung gegenüber dem anderen Geschlecht überdenkt.

»Sie kommt mir hier zu schlecht weg«, legte Hans nach. *»Es kann nicht sein, dass sie jetzt an allem Schuld trägt. Auch wenn sie total irre ist. Schlussendlich ist Bob erwachsen und hatte die Möglichkeit zu gehen. Er war sehr unkritisch und zu gutgläubig. Ist doch auch selber schuld, wenn er alles mit sich machen lässt. Das ist wie mit den Alkoholikern. Ich kenne einen, der fährt Taxi, ist immer betrunken und seit 40 Jahren glücklich verheiratet. Seine Frau trinkt etwas mit und gibt ihm immer den Stoff und deckt ihn. Im Wagen liegen nur PET-Cola-Flaschen. Darin ist aber Cola-Rum-Mischung.«*

Vergil hörte aufmerksam zu, schwieg und wirkte etwas angespannt. Als hätte er eine Vorahnung. Das Beispiel hatten Sie nicht verstanden.

»Stimmt schon«, sagte Dr. Sokrates, er wollte nicht weiter nachbohren, *»Das hat einen wahren Kern. Meinen*

Patienten kenne ich ja auch schon eine Weile und kann ihn deshalb besser beurteilen. Das mit der Partnerschaft war neu für mich. Bisher hatte er sie nicht zum Thema gemacht. Erst nach der letzten Trennung. Davor hatte er genug eigene Baustellen bzw. Schwierigkeiten, die wir angegangen sind. Mein Vorgänger und auch ich wollten ihn schon ein paar Mal loswerden, da ich den Eindruck hatte, er sei austherapiert. Jetzt macht es wieder Spaß mit ihm, denn hier gibt es noch was zu tun. Gemeinsam haben wir schon festgestellt, dass er liebessüchtig ist. So viel hatte er zu geben und sehnte sich nach jemandem, der es annimmt. Das war fatal damals, wie er auf die Herzkönigin traf, denn die wusste gleich, was das für ein Hauptgewinn ist. Solche Leute stoßen auf Energierinnsale und große Energieflüsse. Unser Bob war eine highspeed Datenleitung für die unersättliche Gräfin Dracula. Bob gibt zu viel ohne sich zu schonen. Selbst der Colorado oder Euphrat und Tigris leiden darunter, wenn viel Wasser abgezogen wird.«

»Auf Dauer«, bemerkte Vergil hier, *»ist das keine Lösung. Mit den eigenen Ressourcen sollte man schonend umgehen und Hans hat recht. Ein großer Teil der Verantwortung liegt auch bei Bob.«*

»Ja, klar«, fuhr der Therapeut fort, *»du musst deine eigenen Speicher, deine Batterie auch wieder aufladen und deine Seele gut behandeln und schützen.«*

»Nur wenn es im Gebirge regnet oder die Gletscher nicht zu schnell abschmelzen, gibt es Wasser in den Flüssen«, sagte Hans.

»Genau«, fuhr es aus dem Doktor, »alles ist ein Kreislauf. Liebe ist keine Einbahnstraße, aber Bob glaubte, nur

so geliebt zu werden. Dachte, dieses Verhalten, dieses Muster ist wahre Liebe. Dass etwas in der Beziehung zu Tinkerbell nicht ganz koscher wahr, spürte er und verdrängte es leider zu lange. ***Rote Flaggen*** *deutet er um oder sah nicht genau hin.«*

Die Turmuhr schlug halb elf. *»Dong, Dong Dong...«* Die einzelnen Schläge waren überall in der Stadt gut zu hören.

»Als Junge war ich mal mit meinen Eltern am Mittelmeer«, erzählte Hans. *»Am Strand waren* ***schwarze Flaggen*** *aufgezogen. Aber ich bin trotzdem ins Wasser und prompt wurde ich damals abgetrieben und die Rettungsschwimmer mussten mich vor dem Ertrinken bewahren.«*

*»Schönes Beispiel«, f*ügte Sokrates hinzu und ergänzte: *»Schaue immer auf die Ampel oder in deinem Fall Flagge und handle verdammt auch danach! Sei nicht leichtsinnig oder borniert. Es ist super wichtig zu erkennen, dass Rot ist, natürlich auch wenn du trotzdem drüber gehst ...«*

»... denn dann bist du vorsichtiger«, ergänzte Vergil, *»überlebenswichtig ist das Bewusstsein über die Gefahr. Wer sich in die danger zone begibt, kann darin umkommen oder sich schwer verletzen.«*

»Bob schädigte seine Seele«, machte Doktor Sokrates weiter, *»obwohl er schon zu Beginn der Partnerschaft viele dieser* ***red flags*** *sah. Sie lässt den Ehemann sitzen, die Kinder auch, redete schlecht über Kapitän Ahab und kriecht von einem in das nächste Bett. Sie konsumierte mehrere Drogen und behauptete, ohne die Substanzen hätte sie ihre Ehe, die Tage, nicht überstehen können. Substanzmissbrauch ist ja auch ein weiteres Kriterium.*

Wir könnten noch viele Punkte zusammentragen. Tatsache ist, und da kommen wir immer wieder hin, sie liebte ihn nicht aufrichtig und das ganze Ding ist hochgradig ***toxisch,*** *also vergiftet. Um deine Worte zu gebrauchen, er soll froh sein, dass er die los ist. Das habe ich ihm auch so geraten. Bob muss jetzt sein* ***HERZ*** *und seine* ***SEELE*** *heilen. Damned! Ich glaube, wenn ich mit ihm fertig bin, das kann aber so zwei Jahre dauern, ist er wirklich gestärkt und mental noch fitter. Das ist keine Garantie, dass er nicht nochmal auf so eine Madame Medusa hereinfällt. Bin mir aber ziemlich sicher, dass er es schon nach kurzer Zeit erkennen wird und dann die richtigen Schlüsse zieht. Seine Regeln und Standards hat er nochmal nachgezogen und wird sie in Zukunft beachten. Im Englischen würde man sagen, he is a quick learner. Das schlimmste hat er jetzt hinter sich.«*

Vergil ist ganz unruhig und kann einfach nicht mehr still sein. »*Ich sehe ein gravierendes Problem. Was soll er denn bloß tun, denn sie wird sehr wahrscheinlich wieder versuchen bei ihm Blut, sprich, Energie, zu saugen. Solche Personen sind wie Vampire und sie erinnern sich immer irgendwann wieder an ihre alten Opfer, besonders wenn die lecker waren. Die spürt, wenn seine Tanks wieder voll sind. Bob hat gravierende Fehler begangen. Sein Selbstwert ist am Boden und er ist nun ein Junkie. Es gibt da diese interessante Geschichte von Ovid aus den Metamorphosen.* ***Narzissmus*** *kann tödlich enden? Einen wirksamen Schutz vor ihrer dunklen Macht braucht Bob unbedingt, falls Sie wieder andocken will.«* Mitfühlend blickte er zur Granit-Taube, obwohl es dieser sehr wahrscheinlich am besten ging, denn Sie konnte fliegen und war ein Zauberwesen!

»Ja, das ist ein wunder Punkt«, antwortete der Paartherapeut, *»wenn man sich von einem* ***Narzissten*** *trennt, dann beginnt der Wahnsinn erst so richtig. Du hast jetzt die Probleme mit deinem Partner erkannt, du erhältst neue dazu, denn die Trennung, der cut, löst starken Herzschmerz aus und du bist dir deiner eigener Baustellen bewusst. Plötzlich hälst du einen rießen Strauß Therapie-Arbeit in deinen Händen. Viele sind da überfordert und kommen deshalb nicht voran. Da wartet ein Marathon auf dich. Nur die wenigsten werden als finnisher ankommen. Viele werden abbrechen. Natürlich hat Tinkerbell auch ein Problem, aber das löst sie schnell, sie nimmt einfach einen anderen aus ihrer Terrakotta-Armee. Der/* die **Narzisst(in)** *ist nun wie eine Pflanze ohne Bob-Wasser.«*

»Kennt ihr die fleischfressende Pflanze«, sagte Hans, *»aus dem kleinen Horrorladen. So ist das hier!«*

»Klar, geiler Film«, meinte Dr. Sokrates. *»Wenn du Sie schön fütterst, wird sie immer größer und besser gedeihen, aber am Schluss ist das dein Verderben, denn du kannst die* ***Narzissten*** *nie zufriedenstellen. Sie werden immer ihre Spielchen mit dir treiben. Wie im Zweistromland wirst du dich fühlen, ohne H2O ist dort kein Leben möglich. Die Beziehung trocknet dich aus. Du kannst eingehen, wenn du nicht den Absprung schaffst, von deiner parasitären Saftpresse. Du wirst wie einer dieser vertrockneten Mandel- oder Orangenbäume in Kalifornien. Und das gemeine, der* ***Narzisst*** *lässt dich fallen wie eine ausgedrückte Zitrusfrucht. Es gibt so viele Empathen da*

draußen. Bob ist aber zum Glück clever. Sein größtes Talent ist die Reflexion und das Lernen. Ein typischer Mann ist er wohl schon, aber ich finde, er hat auch ganz herausragende Fähigkeiten und Talente. Bei ihm habe ich schon die Diagnose **Hochsensibilität** *gestellt. Aktuell ist er einer meiner liebsten Patienten, erfahrungsgemäß ist er topp motiviert, einsichtig und das ist ein Schlüssel für den Erfolg. Leider fühlt er sich im Moment wie erschlagen durch die ganze Sache. Hat überhaupt keinen Bock mehr auf Sex mit anderen Frauen und bleibt lieber eine Weile Single. Aber bald wird er wie Phönix aus der Asche wieder aufsteigen, dafür sorge ich.«*

Hans ist plötzlich total erschrocken aufgesprungen. *»Es ist »fünf nach zwölf«, ich bin zu spät. Also macht es gut und bis die Tage. Wenn ich deine Geschichten so höre, dann fühle ich mich pudelwohl mit Freundschaft minus. Bei mir dockt keine an.«* Er lachte laut zum Abschied.

»Tschau-Tschau«, sagte Vergil.

»Ruhigen Dienst, wünsche ich dir«, rief Sokrates ihm nach.

Hans lief schnellen Schrittes zu seinem weißen Roller und flog davon wie eine Friedenstaube. Nur das stinkige Zweitakt-Benzin-Gemisch passte nicht ganz ins Bild.*»tüttüt«*,hupte er zum Abschied.

»Auf Wiedersehen«, rief ihm Boho hinterher, winkte kurz und drehte sich dann weg. Ihr schöner schwarz verhüllter Po zeigte zum Tisch.

»Lieben aber heißt nichts anderes, als jemanden aus- zuwählen, den man lieben will - ohne Bedürfnis und ohne das Suchen eines Vorteils.«
(Cicero 106 v.Chr. - 46 v.Chr.)

EINE HERKULESAUFGABE

Tauben stehen als Symbol für die Freiheit, die Liebe und den Frieden. Leider bezeichnete Hans sie als die Ratten der Lüfte. Ratten sind aber auch wahre Überlebenskünstler und ziemlich schlau.

»Das nächste mal«, sagte Sokrates, *»ist Hans mit einer Mords-Geschichte oder du mit etwas sittlich-philosophischem dran, denn ich brauche mal etwas Abwechslung.«*

»Kein Problem«, erwiderte Vergil, *»ich könnte ja die Geschichte von dem Dichter A oder der fehlenden Selbsttranszendenz und ihren Auswirkungen erzählen.«* Etwas Teuflisches umgab sein Antlitz in diesem Moment. Vergil hatte wohl schon einiges gesehen. *»Das bleibt aber unter uns. Für Indiskretionen kann ich bestraft werden.«*

»Sicher.« Der Paartherapeut machte so eine Reißverschluss-Bewegung vor seinem Mund. Dann vollführte er die Geste in die entgegensetzte Richtung, öffnete ihn wieder und führte das Tulpenglas an die Lippen.

»Ahhhh..., so ein geiles Zeug. Heute muss ich etwas mehr trinken, denn die Sache mit Bob hat mich ziemlich aufgewühlt. Auch weil ich mich so gut in ihn hineinversetzen kann. Eigentlich sollte ich mehr Abstand einhalten. Die professionelle Distanz fehlt mir hier, weil ich ihn schon lange auch als Freund kenne. Unser hochsensibler Teilzeit Veganer ist jetzt wie ein Crack-Junkie und der Parasit weiß das. Bob hat das klar, an diesem Punkt ist er schon, dann ist das weiter so im alten Muster, eine Selbstverstümmelung. Du stehst am Lagerfeuer, der

Rauch zieht zu dir, du musst husten, kannst nicht atmen und du bleibst stehen. No way! Dann bist du auf einem sehr schlechten Weg.«

»Verstehe«, antwortete Vergil, *»ein Schritt raus aus dem Feuerqualm wäre ratsam.«*

»Ja logo! Die ganze Zeit kanntest du die Wahrheit nicht?«, sagte Doktor Sokrates. *»Du hast nur gespürt oder geahnt, das tut mir nicht gut. Wenn du jetzt sehenden Auges deinem Untergang die Hand reichst, beständig im Dunst stehen bleibst, dann ist das viel schlimmer als vorher. Aber du glaubst nicht, wie viele Patienten ich habe, die genau das machen. Sie kommen nicht von ihrer selbstsüchtigen Saftpresse los. Der ausbeuterische* **Narzisst** *ist ihr Metasystem. Es steht über ihnen. Bob dachte auch, dass er ohne sie nichts ist. Aber er spürt schon, wie er ohne sie mehr Luft bekommt. Sein Leben wird reicher. Die Nebel des* **Ghostings** *und der ganzen Manipulations-Zaubertricks lichten sich. Seine Grundschwingung wandelt sich zum Positiven und der Selbstwert steigt rasant. Sehr wahrscheinlich dauert es, vielleicht sogar Jahre und manch einer wird nie mehr Vertrauen fassen können und Single bleiben. Das ist auch ok. Am wichtigsten ist die Heilung deiner Seele, die Nachreifung deiner Psyche. Das andere kommt von allein. Niemals solltest du jagen, das bringt nichts, denn hier verkrampfst du nur. Wenn du aus diesem Untergangsszenario raus willst, was ist dann das Wichtigste, Vergil? Sozusagen das Allheilmittel, das einzige, was dir bleibt.«*

»Ich bin mir nicht sicher und würde diese Frage gerne an unseren gurrenden neuen Freund weitergeben.«

Die Männer schauen in die Niederung. In der Dämmerung der Nacht und mit Hilfe der Beleuchtung war der Boden einigermaßen ausgeleuchtet, zumal der Vogel größtenteils weiß war. Am besten konnte man ihn mit dem Störbild von einem alten Schwarzweiß-TV-Gerät beschreiben. Jedoch war er nicht wie vermutet unter dem Tisch aufzufinden. Sie blickten darum suchend in alle Himmelsrichtungen.

»Vielleicht war es ihr zu langweilig«, sagte Dr. Sokrates.

»Oder sie ist mit Hans zur Arbeit«, meinte Vergil. *»Schade!«*

Aus dem Nichts hörten sie dieses Surren und Pfeifen, wie es für Taubenschwingen typisch ist. Federn klatschten mal hoch und mal tief. Da kam sie angeflattert aus dem sternenklaren, etwas zu hellem Nachthimmel, mit dem Mannheimer Dom im Hintergrund und landete wieder auf ihrem gewohnten Terrain.

»Hallooo, wir dachten schon, du bist weg?«, provozierte Vergil und fragte: *»Bist eigentlich weiblich oder männlich?«*

»Das ist nicht so wichtig, heute passt männlich besser in die Runde.«

Dr. Sokrates und Vergil steckten kurz ihre köpfe zusammen und flüsterten etwas.

»Ok, dürfen wir dich dann G.I. Joe taufen?«, fragte Vergil.

»Gerne, da fühle ich mich sogar etwas geehrt. Es tut mir übrigens leid, dass ich einfach so verschwunden bin, aber ich musste mal austreten«, antwortete G.I. Joe höflich.

»Bist du bereit für ein weiteres Rätsel?«, fragte Vergil.

»Ich weiß, dass ich nichts weiß«, entgegnete Joe, *»aber ich gebe mir Mühe, also sehr gerne, schießt los.«*

»Du darfst gerne hoch kommen«, redete Vergil. *»Der Stuhl von Hans ist frei. Hier kommt dein Preisflug.«*

»Ich bleibe am Boden«, antwortete Joe, *»das ist ok, sonst glotzen die anderen immer so.«*

»Welches Verhalten«, erklärte Vergil, *»und welche Art von Therapie benötigt ein Betroffener nach solch einer Partnerschaft, in der er fast um den Verstand gebracht worden ist? Wo es also um ein Haar zu einem Persönlichkeitstausch (**identity shift**) gekommen ist. Gibt es überhaupt eine Heilung?«*

»Diesmal ist eure Frage viel leichter«, sagte Joe selbstbewusst. *»Für die Empathen ist es eine mentale Herkulesaufgabe. Sie sind dem Wahnsinn knapp entronnen. Das Suchtmittel ist weg und sie müssen nun wieder clean werden. Kalten Entzug nennt man das auch. Manchmal von einer Sekunde auf die nächste. Krasse Sache! Dafür gibt es nur eine Lösung, Finger weg von Alkohol und Drogen. Das bedeutet **no contact**. Alles, was mit dem Ex zu tun hat, geht in die Mülltonne oder wird blockiert. Briefe, Bilder, Geschenke und Nachrichten werden nicht geöffnet. Auch Gedanken an den Ex sind verboten. Das war's, so easy wie komplex umzusetzen? Wie beim Abnehmen.«*

»Genau das rate ich Bob«, sagte der Therapeut. *»Ich ging sogar so weit, denn er kommt von Hypersex auf null, innerhalb eines Tages, da kann man die Produktion nicht sofort stoppen. Ich rede von Testosteron. Er darf auch beim Masturbieren nicht an sie denken, bloß nicht,*

sonst bleibt sie in seinem Kopf. Das wäre total fatal. Ich riet ihm deshalb noch zu einem Sextoy und meditieren. Alles, was an die Fürstin der Finsternis erinnert, am besten wegschmeißen.«

»Alles klar«, sagte Vergil, *»das Ganze erinnert mich aber auch irgendwie an eine Parabel. Hier der böse Banker, der es mal so richtig von einer* ***Narzisstin*** *besorgt bekommt. Damit er mal aus seinem goldenen Käfig fällt.«*

»Da ist was dran!«, meinte Dr. Sokrates und grinste, *»Bob war ja auch die ganze Zeit im Investment Banking tätig und hatte hier wirklich üble Geschäfte zu betreuen. Aber er hat auch mega verdient, deshalb fiel es ihm nicht leicht loszulassen. Jetzt ist er raus und macht sein eigenes Ding. Viel weniger Kohle, aber es fühlt sich erfüllender an. Nur das zählt. Dein Leben muss zur dir passen. Er investiert nur noch in erneuerbare und nachhaltige Projekte.«*

»Dann sollte er«, sagte G.I. Joe, *»Tinkerbell abschreiben. Wie in einer Firmenbilanz. Reduziere den Goodwill, denn sie hatte keinen. Dein Aktienkurs wird zwar zunächst etwas einbrechen, aber du zeigst, dass du deine Fehler erkannt hast und sie korrigierst.«*

»Vielleicht war genau das auch ein Grund«, sagte Doktor Sokrates, *»dass Tinkerbell weg ist. Als* ***Narzisstin*** *liebte sie nur ein Bild von ihm. So etwas zweidimensionales. Und dieses Gemälde hatte sie sich selbst erschaffen. Wenn du als Empath es veränderst, dann kann das zum Abbruch führen. Sie wurde erkannt, [...] entlarvt als feindliche Spionin. Bob hat sich weiterentwickelt. Die Herzkönigin spürte, dass sie ihre Macht verloren hat. Sein Herz hat sich Bob zurück geholt, ganz wie in dem*

Song von Grönemeyer, [...]gib mir mein Herz zurück, du brauchst meine Liebe nicht [...]. Die dunkle Seite der Macht ist raus bei ihm. Mir tut schon der nächste Trottel leid«, seufzte er.

Beide blickten verträumt zum Vollmond. Boho brachte Dr. Sokrates noch einen Monaco und nahm die leeren Gläser mit. Sie wischte einmal kurz über den Tisch und tauschte die Kerze aus, die abgebrannt war.

»So, jetzt stelle ich noch eine letzte Frage«, sagte Doktor Sokrates, *»an euch zwei. Was macht Tinkerbell nun aus ihrem Leben? Bob hat ihr ja eine kurze Mail geschrieben, in der er sehr höflich, ohne Schuldzuweisungen, aus Nächstenliebe und wegen der gemeinsamen Zeit den Status Quo mitteilte.»*

»Das ehrt ihn sehr«, meinte Vergil und stellte klar: *»Er machte sich große Sorgen um seine Ex und erbarmte sich. Aus diesem Grund hatte er ihr ganz vorsichtig und nur als Verdacht die Diagnosen mitgeteilt. Mehr kann er nicht tun. Das war seine letzte Schuldigkeit und wird gutes Karma nach sich ziehen. Trotz Niederlage, Schmerz und Leid hat er Großmut bewiesen. Dafür liebe ich ihn!«*

»Tinkerbell wird so weitermachen«, antwortete Joe. *»Auf die Mail hätte es nur eine vernünftige Reaktion geben können. Ob sie um ihre Erkrankungen wirklich weiß oder nicht, bleibt dahingestellt. Bob ist nichts davon bekannt, dass sie in Heilbehandlung möchte, um an ihren Störungen zu arbeiten. Leidensdruck scheint sie nur bei anderen auszulösen. Sie benötigt auf alle Fälle den nächsten Gutmenschen, zum Fusionieren und Schmarotzen. Das ist dramatisch. In Amerika wird darüber gesprochen, solche Personen öffentlich zu brandmarken, sozu-*

sagen als Schutz für eigene Kinder, Partner und die Umwelt.«

Auf jeden Fall ist die Lage normalerweise hoffnungslos«, erklärte der Therapeut streng. *»Zumindest hier sehe ich einfach zu viele psychische Erkrankungen. Der Cocktail ist unverdaulich, wie bei Sokrates im antiken Athen.* **Borderline** *ist eine wirklich sehr schwierige Krankheit und in Morbidität mit den anderen Sachen aussichtslos. Wobei man die Hoffnung nie aufgeben sollte. Diesen Zahn musste ich Bob auch ziehen. Sehr traurig war er, dass man ihr nicht helfen kann, aber er hält schon sechs Monate Kontaktsperre. Tippitoppi ist das! Gut ist natürlich auch, dass Tinkerbell keine Bindungshormone aufgebaut hatte. Das schaffen die* **Narzissten** *nicht, denn sie hatte Bob nie wirklich geliebt. Im allerbesten Fall hatte sie Emotionen von Verliebtheit. Das ist aber schnell weg und in solchen Situationen sitzt der eine zu Hause mit Herzschmerz, dem sog. Liebeskummer, gänzlich zerstört wie nach einem schweren Unfall und der andere mit Hass, Wut, Zorn und wertet den anderen weiter ab. Es kann nur irgendwann dieser Momente kommen, wo das Gehirn vieles vergessen hat oder der* **Narzisst** *sich aus irgendeinem Grund kurz an den anderen positiv erinnert. Vielleicht braucht er gerade frisches Blut und die verschiedenen Energiequellen sind versiegt oder ausgefallen. Dann kann es wieder zu einem Einmiete-Betrug kommen. Ich habe Bob vorgewarnt und ich glaube, er schafft das, denn er hat viele Werte, glaubt an etwas Höheres und geht im Dienst für seine Kinder und Mitmenschen auf. Im Moment ist er aber fertig, am Ende, wie ein ausgelutschtes Kaugummi. Das Leben hat für ihn gerade nur noch* *wenig Geschmack. Da muss er durch. Da hilft nur der Verstand und Glaube.«*

Beide verstummten nun, lehnten sich entspannt zurück und beobachteten in Gedanken versunken die Yoga-Meisterin.

»Du und ich, wir sind eins, ich kann dir nicht weh tun ohne mich zu verletzten.«
(Mahatma Gandi 1869 - 1946)

GRANDE FINALE

Eine elektronische Welt, leuchtete überraschend auf und sendete LED Strahlen zu den Lichtern am Brunnen.

»Ring-Ring-Ring-Ring-Ring«, klingelte es just in diesem Moment bei Vergil. Sein Smartphone lag auf dem Tisch. Zusammen mit der Metallunterlage vibrierte es recht laut scheppernd. Zügig wischte er über sein Telefon und sagte noch schnell und hektisch: *»Ich muss ran, der Oberboss, hm ... ja klar ... Mmmhm ... Jawohl, ... kein Problem, ich nehme sie in Empfang und begleite sie bis zu ihrer Station ...Vielen Dank.«*

Dr. Sokrates blickte ihn entgeistert an. *»Ein Auftrag. So spät?«*

Vergil wirkte etwas fassungslos. *»Ich soll wieder jemanden begleiten, als Reiseleiter. Jetzt sofort, ich muss gleich los. Zahlst du bitte für mich mit? Ich revanchiere mich nächste Woche. Eine blonde Frau, ich wäre am nächsten dran, ihr Name ist Fürs... äh ... Herz... Tin... Tinkerbell. Mehr weiß ich noch nicht. Ich bin sehr gespannt, bleibe aber professionell und behandle jeden gleich. Immerhin steht noch nicht gänzlich fest, ob sie das alles mit Absicht getan hat. Außerdem bin ich nur ein philosophischer Reiseleiter.«*

»Genau«, fiel Joe ein, *»die Kausalität, liegt beim Absender, also bei ihr. Jeder ist für sein Handeln selbst verantwortlich, oder?«*

»Sehe das genauso«, antwortete Dr. Sokrates, *»Das ist echt krass.* ***Total geil(er) Psycho Scheiß!*** *Ich bin so*

gespannt auf deinen Bericht nächste Woche hier. Somit hätten wir das geklärt. Aber du hast recht, es sind Krankheiten und Tinkerbell hat sich das nicht ausgesucht. Niemand ruft freiwillig, gebt mir diese oder jene Störung.«

»Gehst du mit mir, Täubchen?«, fragte Vergil. *»Da, wo ich hingehe passt du sehr gut dazu, da gibt es nämlich noch mehr von deiner Sorte. Vielleicht erzählst du mir ja auch, warum du gerade bei uns am Tisch gelandet bist.«*

»Ähm...? Ok!«, antwortete Joe, *»ich habe Zeit und nichts Besseres vor. Irgendwann werde ich das alles der Sekretärin vom großen Universum diktieren, aber das kann noch etwas warten. Tschüüß, Sokrates. Bis nächste Woche vielleicht!«*

»Also bis nächsten Freitag, denke das wird bis dahin erledigt sein. Arividerci.«, sagte Vergil ruhig und war verschwunden.

Nun saß Dr. Sokrates allein am Tisch. Er hatte sich noch einen allerallerletzten Monaco zum Abschied bestellt. Seine Kehle war trocken, denn er hatte so viel geredet. Gedanklich ging er den Tag und den Abend nochmals durch. Blickte um sich und stellte fest, dass noch fast alle Tische belegt waren. Ein Paar lief gerade Händchen haltend an ihm vorbei. Die Fontänen des Wasserturmes zeichneten noch immer bunte, surreal vergängliche Bilder in den Sternenhimmel. Er fühlte sich entspannt und zufrieden, dass er Menschen helfen durfte und konnte. Aus Bob würde er versuchen, ein Juwel zu machen. Ein Kunstwerk!

Jedem Anfang, wohnt ein Zauber inne.
(Hermann Hesse 1877 - 1962)

EPILOG

»Hallo Leute, letzten Freitag, also den Freitag nach unserem Talk über Bob und die Herzkönigin bat mich unser neues Mitglied im Debattierclub, namentlich G.I. Joe, der übrigens versucht, jetzt immer bei unserer Runde mit dabei zu sein, zu erklären wie eine gute Partnerschaft geht. Denn er meinte, wir hätten genug über schlechte Beziehungen geredet und wie man diese erkennt. Nun sollten wir noch etwas Positives dagegen stellen. Sozusagen zum Ausgleich, um das Gleichgewicht wiederherzustellen. Nach einigen Monacos ist mir Nachfolgendes dazu eingefallen. Aus der Praxis möchte ich mitteilen, dass wir zunächst das Pferd von hinten aufzäumen. Das bedeutet, wir formulieren die Frage um. Wie werde ich ein glücklicher Mensch mit einem erfüllten Leben in Würde?

Sie sollten jetzt, liebe Leserin und lieber Leser, ein kurzes Break machen und sich die nötige Zeit nehmen, um diese Frage für sich selbst zu beantworten. Brühen Sie sich einen Kaffee oder Tee, nehmen Sie ein Stück Papier und einen alten Bleistift. Wenn es Ihnen hilft, machen sie sich Notizen. Seien Sie lieber zu ehrlich, denn nichts ist einfacher, als ein verbranntes Haus wieder aufzubauen. Sie sind anderer Meinung? Dann lassen Sie mich noch anfügen, dass es unproblematischer ist, auf einem freien Platz einen Wolkenkratzer zu errichten, als in einer überfüllten Stadt. Legen Sie Ihre Maske ab und reißen Sie, wenn nötig, Ihr altes Gerüst ein. Erfinden Sie sich neu und erschaffen Sie etwas Einzigartiges. Beginnen Sie bei

Null, das habe ich schon oft getan und hier stellen sich erste Erfolge schnell ein.

Glückwunsch an alle diejenigen, die kein Verbesserungspotenzial brauchen und zufrieden sind. Allen anderen, und dazu zähle ich auch mich, rate ich folgendes. Ich werde mich ganz knapp halten und mit Absicht nur das Allerallernotwendigste erwähnen. Ein radikales Surrogat meiner jahrzehntelangen Erfahrungen als Therapeut. Bevor ich antworte, will ich nochmals die Frage wiederholen.

Wie führe ich ein Leben in Würde und Erfüllung?

Meine persönliche Lösung und Antwort!

»Schrauben Sie Ihre Wünsche und Ansprüche ebenso auf Null. Sie werden fühlen, ohne Verlangen gibt es keinen Grund mehr so weiterzumachen wie bisher. Sie können Ihr Leben nun neu ausrichten. Jede Ihrer Handlungen erschafft die Welt neu. Fangen Sie an, sich zu verwirklichen. Tatsächlich brauchen Sie, liebe Leserin und lieber Leser, nunmehr noch viel Bewegung in der Natur. Mutter Erde wird Ihr neues Shopping Center.

Hierzu möchte ich Ihnen noch ein Gleichnis darlegen. Drei Personen gehen spazieren. Alle drei kommen an einer sehr schönen und bezaubernd blühenden Pflanze vorbei. Der erste reißt sie ab und stellt sie zu Hause in eine Vase. Der zweite gräbt sie aus und pflanzt sie in seinen Garten. Der dritte bleibt stehen, betrachtet sie eine

Weile und geht dann weiter.

Wenn Sie also in Zukunft entspannt durch die Wildnis wandern, machen Sie sich Gedanken darüber, wie sie die weiteren Sprossen auf der Leiter zum wahren, schönen und guten Leben erreichen können. In der nächsten Stufe sollten Sie gütig werden. Das bedeutet, Sie werden barmherzig Ihren Mitmenschen gegenüber. Zum Beispiel sollten Sie die Summe der Menschheit als eine Familie betrachten und alles in Ihrer Macht tun, damit es anderen besser geht. Sie werden merken, Sie fühlen sich schon viel ausgeglichener damit und Ihre Grundschwingung wird andere beeindrucken und überzeugen.

Jetzt kommt noch ein Punkt, bevor Sie erleuchtet sind. Hier wird es aber auch am schwierigsten. Liebe Leserin und lieber Leser, Sie dürfen nun zur Einsicht gelangen. Verständnis ist eine Phase der Reflexion und Erkenntnis. Am Ende legen Sie die Verblendung ab und Ihr Lohn ist Erleuchtung und Selbsttranszendenz. Nach dieser Metamorphose haben Sie ein neues Selbst und Sie wurden zu einem liebevollen Menschen mit geringen Anteilen von Zorn, Hass, Gier und Unwissenheit. Nun können Sie jeden lieben«

Bleiben Sie reflektiert!

Ihr Dr. Sokrates

»Ich will dir ein Liebesmittel zeigen ohne einen Trank, ohne ein Kraut, ohne Spruch irgendeiner Zauberin: Willst du geliebt sein, so liebe.«

(Seneca 4 v.Chr. - 65 n.Chr.)

Anmerkung des Autors:

Zur Vertiefung wie man vom falschen in das richtige Leben gelangt. Wie man mit psychischen Störungen trotzdem erfolgreich ist und weitere ausführlichere Beispiele und Lebensregeln finden Sie in meinen anderen Büchern.

Tinkerbell

GENRE-BEGRIFFE DIE SIE KENNEN SOLLTEN!

Sie brauchen kein Experte auf dem Gebiet der Paartherapie sein, ein langes Studium zu absolvieren oder viele Bücher lesen. Wenn Sie die folgenden Definitionen mal gehört haben, dann wird Ihnen plötzlich vieles klarer, was so um Sie herum abgeht. Bei vielen Phänomenen bzw. Definitionen werden Sie denken: Aha! Hinterfragen Sie die Dinge unbedingt, bevor Sie sich ein endgültiges Bild machen.

1. Ghosting
»Während des Flirtens bzw. Datens bricht der Kontakt ab.«

2. Hoovering
»Sie werden angesaugt mit allem, was Ihr Herz begehrt und schon immer hören wollte.«

3. Fast forwarding
»Die Beziehung legt ein höllisches Tempo vor. Es geht zu schnell.«

4. Love bombing
»Sie werden eingelullt und mit angeblichen Liebesbeweisen überschüttet.«

5. Vulnerable
»Wird häufig i.Z.m. Narzissmus verwendet und meint verdeckte Störungen.«

6. Triangulation
»Manipulation mit Hilfe anderer Personen - Dreiecksbeziehungen.«

7. Gaslighting
»Sie werden gezielt desorientiert u. vernebelt.«

8. Breadcrumbing
»Sie erhalten immer nur kleine Stücke. Es kommt nicht zu einer echten Beziehung.«

9. Flying monkeys
»Personen aus Ihrem Umfeld werden vom Narzissten benutzt, um dir zu schaden.«

10. FBO
»Solchen Personen geht es darum, ihren Status in FB zu ändern.«

11. Fürstin o. Fürst der Dunkelheit/ Finsternis
»Anderes Wort für Narzisst(in).«

12. Silent treatment
»Schweigen, meist nach einem Konflikt, bis Sie sich endlich entschuldigen.«

13. Blame shifting
»Schuldumkehr - Der andere dreht einfach den Spieß rum, egal, wie.«

14. Satelliting
»Der Narzisst kontrolliert dich mit Abstand, durch Freunde, die sozialen Medien etc. kann ein hoovering vorbereiten.«

15. Future faking
»Gaukler und Luftschlangenwerfer versprechen alles und halten wenig oder nichts.«

16. Relationship recycling
»Sehr häufig kommt die/ der Fürs(tin) der Dunkelheit zurück.«

17. Freundschaft minus
»Man trifft sich nur für den Akt. Es wird nur das allerallernötigste gesprochen.«

18. Discard und Grande Finale
«Der Narzisst hat ein neues Opfer/ Wirt und trennt sich mit einem Großen Rums.«

Weitere Begriffe wären noch Benching (similar to Breadcrumbing), Stashing, Zombieing, Cuffing, Pigging, Tuning, Freckling, Haunting, DTR, Tuning, Thirst Trap, Orbiting, Cuffing Season, slow fade, catch and release, the Lemming, Narc, NPS, Next - Supporter, Baiting, Bait and Switch, Grooming, Intermittent reinforcement, stashing, victim blaming, DARVO, Mosting, submarining, double-bind, hell on earth und identity shift.

Ziemlich viel Mist, der passieren kann. Zum Selbstschutz und damit Sie, liebe Leserin und lieber Leser, nicht in eine Falle tappen, reicht es aber total aus, wenn Sie nur einige dieser Rollen kennen.

Wenn Sie noch weitere Informationen zu den hier behandeltenten Themen benötigen, dann empfehle ich die vielen Ratgeber, Ärzte und Praxisvideos auf der Plattform YouTube.

»Vielen Dank!«

G.I. Joe